New Economy, New Industry
and New Major

Report on the Major-industrial Adaptability of Vocational
Education in National Subprovincial Cities

新经济、新产业、新专业

全国副省级城市职业教育
"专业—产业"适应性报告

陈仕俊　沈剑光　等◎编著

中国财经出版传媒集团

经济科学出版社
Economic Science Press

图书在版编目（CIP）数据

新经济、新产业、新专业：全国副省级城市职业教育
"专业—产业"适应性报告／陈仕俊等编著．—北京：
经济科学出版社，2022.10
ISBN 978 - 7 - 5218 - 4178 - 7

Ⅰ．①新…　Ⅱ．①陈…　Ⅲ．①职业教育 - 产学合作 -
研究 - 中国　Ⅳ．①G719.2

中国版本图书馆 CIP 数据核字（2022）第 199464 号

责任编辑：杜　鹏　宋艳波
责任校对：王京宁
责任印制：邱　天

新经济、新产业、新专业
——全国副省级城市职业教育"专业—产业"适应性报告
陈仕俊　沈剑光 等　编著
经济科学出版社出版、发行　新华书店经销
社址：北京市海淀区阜成路甲 28 号　邮编：100142
总编部电话：010 - 88191217　发行部电话：010 - 88191522
网址：www.esp.com.cn
电子邮箱：esp@esp.com.cn
天猫网店：经济科学出版社旗舰店
网址：http://jjkxcbs.tmall.com
固安华明印业有限公司印装
710×1000　16 开　15 印张　220000 字
2022 年 10 月第 1 版　2022 年 10 月第 1 次印刷
ISBN 978 - 7 - 5218 - 4178 - 7　定价：80.00 元
（图书出现印装问题，本社负责调换。电话：010 - 88191510）
（版权所有　侵权必究　打击盗版　举报热线：010 - 88191661
QQ：2242791300　营销中心电话：010 - 88191537
电子邮箱：dbts@esp.com.cn）

编委会

主　编：陈仕俊　沈剑光

副主编：许世建　郑琼鸽

编　委：于进亮　康　飞　欧阳恩剑　惠转转

　　　　张蔚然　邵　健　张声雷　周井娟

浙江工商职业技术学院

中国职业技术教育学会职业教育与区域发展工作委员会

前　言

　　为适应新产业、新业态、新技术、新职业，2021 年 3 月，教育部印发《职业教育专业目录（2021 年）》，新增、调整了大量专业。2022 年 5 月起施行的《中华人民共和国职业教育法》立足新发展阶段，全面贯彻新发展理念，明确指出"国家根据产业布局和行业发展需要，采取措施，大力发展先进制造等产业需要的新兴专业，支持高水平职业学校、专业建设"。职业教育的重要使命是培养服务区域经济社会发展的技术技能人才，助推区域产业转型升级。职业教育"专业—产业"适应性是在新经济发展格局的背景下，对职业教育这一类型教育与产业发展之间关系的更高要求，指的是职业教育自身专业建设与产业发展之间形成更加适切、更加紧密的相互促进与支持的关系。

　　城市是现代区域社会经济要素及产业的核心空间载体。不同于普通地级市，副省级市经济发达，具有丰富的教育资源，对区域发展具有较大的辐射作用。职业教育"专业—产业"适应性涉及人才培养和供给、技术研发和服务、城市产业发展与动能转换等多个层面，包含布局、规模、层次、规格及效益等多个维度。专业结构与产业结构的适应性作为职业教育适应区域发展最核心的部分，两者相互影响，共同促进城市的转型发展，与此同时，城市的发展反作用于产业结构调整和高技能人才就业市场，进而影响职业教育的专业结构，形成可持续发展的闭环。

　　综合考虑地理位置和城市群建设，报告将 15 个副省级城市分为五大区域：（1）东三省地区：哈尔滨市、长春市、沈阳市；（2）环渤海地区：济南市、青岛市、大连市；（3）长三角地区：南京市、杭州市、宁波市；

（4）泛珠三角地区：厦门市、广州市、深圳市；（5）中西部地区：武汉市、成都市、西安市。因政策、地理位置、资源禀赋等条件的不同，各个区域的产业发展和职业教育资源有所差异。报告基于产业数据和专业数据的分析，主要分区域呈现职业教育"专业—产业"适应性的现状和问题，提出对策建议。本报告遵循由宏观到微观，层层递近的逻辑理路，在总体报告的基础上，每个区域各选择一个城市进行具体分析，形成特色分报告，最后筛选并呈现15个副省级城市的高职学校在加强"专业—产业"适应性方面的典型做法和具体案例。

报告发现，15个副省级城市职业教育"专业—产业"适应性欠佳，存在专业结构与产业结构吻合度不高、专业重复设置、对接战略性新兴产业的专业设置不足、中高职专业结构贯通性不够等问题。部分专业大类的专业设置未能紧密对接产业演进规律，专业结构动态脱离产业结构动态，甚至相背离。建议副省级城市政府部门发挥统筹作用，优化职业教育专业布局的顶层设计，支持行业企业加大专业设置的决策权，建立职业教育专业调整的动态机制，推进职业教育专业设置的纵向贯通，通过技术赋能，促进创新研发和新旧动能转化，更好地发挥副省级城市对区域的辐射作用。

目　录

第一部分

全国副省级城市职业教育"专业—产业"
适应性研究总体报告

全国副省级城市职业教育"专业—产业"适应性研究总体报告

　　为适应新产业、新业态、新技术、新职业，2021 年 3 月教育部印发《职业教育专业目录（2021 年）》，新增了智能机器人技术、稀土材料技术、装配式建筑构件智能制造技术等 269 个专业，根据产业转型升级需要，合并或更名近 400 个专业，及时撤销淘汰类、限制类产业相关的专业及不适应市场需求的专业共 66 个。2022 年 5 月 1 日起施行的新修订的《中华人民共和国职业教育法》明确指出：职业教育是指"为了培养高素质技术技能人才，使受教育者具备从事某种职业或者实现职业发展所需的职业道德、科学文化与专业知识、技术技能等职业综合素质和行动能力而实施的教育，包括职业学校教育和职业培训"。职业教育的重要使命是培养服务区域经济社会发展的技术技能人才，助推区域产业转型升级。那么当前的职业教育专业设置是否与区域产业发展相适应？如果是，有哪些可供推广复制的经验？如果不是，存在哪些制约"瓶颈"因素？如何才能更好推进职业教育高质量发展？由此，职业教育"专业—产业"适应性值得深入探索！

　　职业教育"专业—产业"适应性是在新经济发展格局的背景下，对职业教育这一类型教育与产业发展之间关系的更高要求，指的是职业教育自身专业建设与产业发展之间形成更加适切、更加紧密的相互促进与支持的关系。职业教育"专业—产业"适应性涉及人才培养和供给、技术研发和服务、城市产业发展与动能转换等多个层面，包含布局、规模、层次、规格及效益等多个维度。职业教育与区域的对接主要反映在职业学校专业结构和区域产业结构的匹配与调适。因此，职业学校的专业设置应对接地方、区域产业需要，提高专业与产业的匹配度，从而提高职业教育的"专业—产业"适应性。

城市是现代区域社会经济要素及产业的核心空间载体，区域的生存与发展取决于城市的竞争实力。现代经济学理论认为，城市发展的主体动因是新兴产业的不断出现、夕阳产业的及时淘汰，即产业结构的有序演变体现了现代城市发展的动态变化过程①。不同于普通地级市，副省级市不仅有利于加快城市的经济与社会发展，而且有利于更好地发挥中心城市对区域的辐射作用②。作为我国城市网络体系中的重要节点，副省级城市，尤其是其中的省会城市往往拥有丰富的教育资源，职业学校数量和专业布点所占比例较大，可以在一定程度上代表所属省份的职业教育结构。

综合考虑地理位置和城市群建设，本报告将15个副省级城市分为五大区域：（1）东三省地区：哈尔滨市、长春市、沈阳市；（2）环渤海地区：济南市、青岛市、大连市；（3）长三角地区：南京市、杭州市、宁波市；（4）泛珠三角地区：厦门市、广州市、深圳市；（5）中西部地区：武汉市、成都市、西安市。长三角地区、珠三角地区和环渤海地区是我国经济发展的三大核心区域，本报告所指的泛珠三角地区主要包括珠三角地区和闽东南地区，东三省和中西部则是根据地理位置进行的区域划分。因政策、地理位置、资源禀赋等条件的不同，各个区域的产业发展和职业教育资源有所差异。

本报告以全国15个副省级城市为对象，基于产业数据和专业数据的分析，主要分区域呈现职业教育"专业—产业"适应性的现状和问题，提出对策建议。

---

① 高艳丽. 东北老工业基地产业结构演变城市化响应的空间变化趋势研究［D］. 长春：东北师范大学，2005.

② 我国副省级市的行政级别正式施行于1994年2月25日，前身为计划单列市，其党政机关主要领导干部行政级别为省部级副职。根据1994年2月25日中央机构编制委员会文件（中编［1994］1号），原14个计划单列市（重庆、广州、武汉、哈尔滨、沈阳、成都、南京、西安、长春、大连、青岛、深圳、厦门、宁波）和济南、杭州共16个市的政府机关行政级别定为副省级。1997年，重庆恢复为中央直辖市后，副省级市减少为15个。中国现有15座副省级市：广州、武汉、哈尔滨、沈阳、成都、南京、西安、长春、济南、杭州、大连、青岛、深圳、厦门、宁波，其中深圳、大连、青岛、宁波、厦门是计划单列市，其他均为省会城市。

一、产业结构现状分析

我国职业教育主要是以地方为主，旨在培养服务经济社会建设和发展的高素质技术技能人才，因此，职业教育应围绕地方产业，并形成与之相适应的特色专业，实现职业教育与区域经济的协同互补，提高专业与产业的衔接度、契合度和匹配度。产业结构是指各类产业及其内部各部门的比例关系与相互联系。本报告主要从宏观区域角度对 15 个副省级城市产业结构现状进行描写和分析。

（一）整体层面：产业结构不断优化，"三二一"产业格局持续巩固

2021 年是具有里程碑意义的一年，我们迎来建党百年庆典，实现了第一个百年奋斗目标，开启了向第二个百年奋斗目标进军的新征程，迎来了"十四五"的良好开局。回望这一年，我国经济发展和疫情防控保持全球领先地位，国家战略科技力量加快壮大，产业链韧性得到提升，新产业、新业态、新模式加速成长，成为经济发展强力引擎，城乡区域协调发展扎实推进，助力共同富裕和中国式现代化。

根据《中华人民共和国 2021 年国民经济和社会发展统计公报》，2021 年我国实现全年国内生产总值（GDP）达 1143670 亿元，比上年增长 8.1%，总量居世界第二位。其中，第一产业增加值 83086 亿元，比上年增长 7.1%；第二产业增加值 450904 亿元，增长 8.2%；第三产业增加值 609680 亿元，增长 8.2%。第一产业增加值占国内生产总值比重为 7.3%，第二产业增加值比重为 39.4%，第三产业增加值比重为 53.3%。

图 1 显示了"十二五""十三五"时期和 2021 年三次产业增加值比重的变化趋势。由图可见，和前两个"五年计划"相比，2021 年的

第一产业总体保持稳定并略有下降，体现党中央稳住农业基本盘，守好"三农"基础的战略决策，实现乡村振兴的良好开局。第二产业和第三产业整体稳定，第二产业占比从37.8%上升到39.4%，说明工业增加值已基本恢复到新冠肺炎疫情发生前的经济水平。第三产业从54.5%下降到53.3%。在前两个"五年计划"阶段，第二产业在国民生产总值中的占比由46.5%下降到37.8%，体现了较强的"去工业化"迹象。

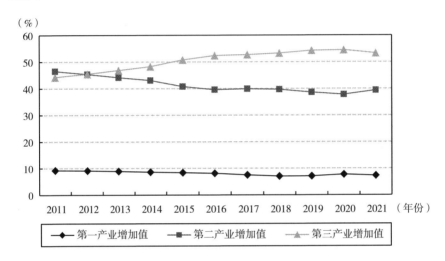

图1　我国15个副省级城市总体产业结构变化趋势（2011－2021年）

结合图1和图2对比分析，可以清晰地看到近十年的产业结构调整更趋稳健。自1978年改革开放以来，我国产业结构呈现多次调整，开始是"二一三"格局，第二产业几乎占半壁江山；紧接着第三产业稳步提升，1985年首次超过第一产业，2012年超过第二产业，成为推动国民经济发展的主导产业，产业结构呈现"三二一"的根本性转变。党的十八大以来，我国经济发展的全面性、协调性和可持续性显著增强，产业结构战略性调整优化，加快转型升级。尽管2020年新冠肺炎疫情暴发，在一定程度上打乱了既定方略，但总体发展方向保持不变。整体上看，"三二一"产业格局将持续巩固。在新一代科技与产业变革、创新驱动发展、"碳达峰、碳中和"目标硬约束等背景下，我国工业创新发展能力大幅提升，高端发展态势逐步显现，第二产业比重将进一步下降，预计到"十四五"时期末将降至 35.5% 左右①。

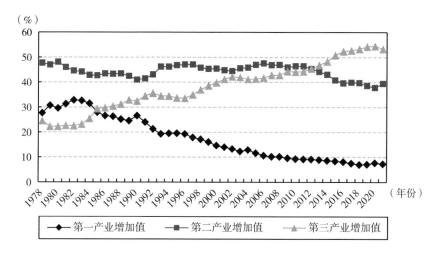

图 2 我国 15 个副省级城市总体产业结构变化趋势（1978 – 2021 年）

（二）区域层面：产业结构变化分析

按照 15 个副省级城市所处区位划分为 5 个区域：泛珠三角（深圳市、广州市、厦门市）、长三角（南京市、杭州市、宁波市）、东三省（哈尔滨市、沈阳市、长春市）、环渤海湾（济南市、青岛市、大连市）、中西部（武汉市、西安市、成都市），这里分别对 5 个区域以及相应副省级城市产业结构展开论述。

为便于对比分析（与专业目录调整的时间相统一），研究区间设定为 2013 – 2021 年，区域 N 次产业比重计算公式为：

$$\text{区域 N 次产业比重} = （\text{城市 1N 次产业增加值} + \text{城市 2N 次产业增加值}$$
$$+ \text{城市 3N 次产业增加值}）/（\text{城市 1GDP}$$
$$+ \text{城市 2GDP} + \text{城市 3GDP}）$$

---

① 资料来源："十三五"我国产业结构变动现状及"十四五"时期产业结构变动趋势分析［DB/OL］. https：//www.chyxx.com/news/2021/1102/984173.html，2021 – 11 –02.

1. 泛珠三角区域：三次产业呈"零四六"格局，城市间略有差异

泛珠三角区域涵盖了我国约 1/5 的国土面积和约 1/3 的人口。本报告选择深圳、广州和厦门等三个副省级城市作为观察对象。总体来看（见图 3），泛珠三角区域三个城市第一产业占比极低；第二产业占比逐渐下降，从 2013 年的 40.3% 下降到 2021 年的 33.3%；第三产业占比持续上升，从 2013 年的 59% 到 2021 年的 66.2%，三大产业比例呈"零四六"格局。

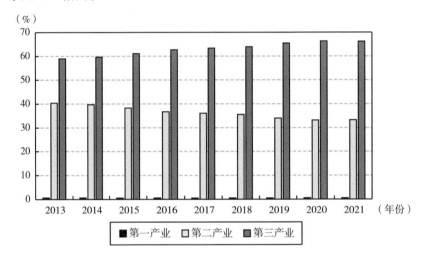

图 3 我国泛珠三角区域总体产业结构变化趋势（2013 – 2021 年）
资料来源：笔者根据区域内相关城市的统计年鉴和 2021 年统计公报计算得出，下同。

具体到深圳市、广州市、厦门市这三个城市，彼此之间虽有共性，但也存在较大差异。以广州市为例，其第一产业在三个城市中占比最高，且第二产业和第三产业之间差距最大。厦门市经济总量不如广州市和深圳市，但第二产业和第三产业之间的差距最小。深圳市和厦门市的第一产业占比几乎可以忽略不计，完全依靠第二和第三产业支撑起地方经济发展。深圳市和厦门市的第二、第三产业比重大概为"四六"格局，而广州市则是"三七"格局。从 2013 – 2021 年的三次产业占比趋势看（见图 4），深圳市最为稳定，哪怕是 2020 年的疫情都没有影响到第二产业占比下降和第三产业占比上升，而广州市、厦门市在 2021 年都受到了疫情影响，第二产业和第三产业的占比变化结构被打断。

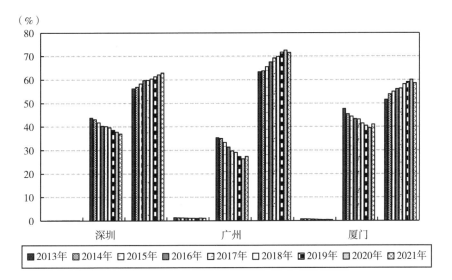

图4 我国泛珠三角区域（分城市）产业结构变化情况（2013 – 2021年）

2. 长三角区域：南京市、杭州市三次产业结构与泛珠三角趋同，宁波市特例

长江三角洲地区包括上海市、江苏省、浙江省、安徽省等的41个城市。该区域是中国经济发展最活跃、开放程度最高、创新能力最强的区域之一，在国家现代化建设大局和全方位开放格局中具有举足轻重的战略地位。本报告选择南京市、杭州市、宁波市三个城市作为观察对象。总体来看（见图5），第一产业占比较低，但明显高于泛珠三角区域；第二产业和第三产业的演变趋势也与泛珠三角地区相似，第二产业占比从2013年的45.2%逐步下降到2021年的37.5%，同期第三产业从51.9%稳步上升到60.4%。

对泛珠三角和长三角这两个中国经济发展较快的区域进行横向比较时发现，2013 – 2021年，长三角地区第二产业降幅（7.7%）和第三产业增幅（8.5%）均高于泛珠三角地区（7%和7.2%）。

从图6南京、杭州、宁波这三个城市三次产业变迁轨迹可以看出，

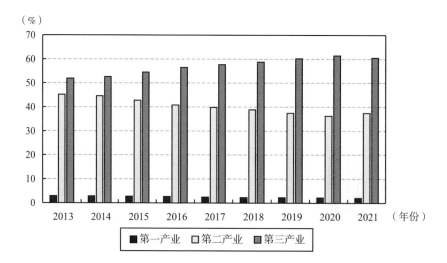

图 5　我国长三角地区总体产业结构变化情况（2013－2021 年）

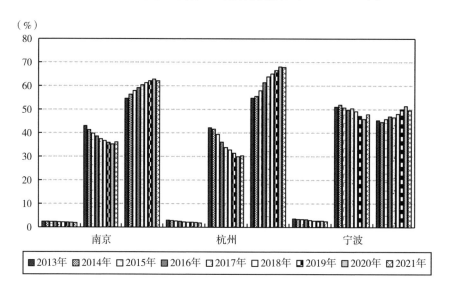

图 6　我国长三角地区（分城市）产业结构变化情况（2013－2021 年）

南京、杭州两市的第二、第三产业比例及变化过程和泛珠三角的三个城市基本一致：第二产业分别由 2013 年的 43.0% 和 42.2% 占比逐步下降到 2021 年的 36.0% 和 30.3%，第三产业分别从 54.6% 和 54.8% 上升到 62.0% 和 67.9%，南京、杭州两市的产业结构与深圳、广州两市几乎接近。而宁波的产业结构与南京、杭州及深圳、广州、厦门等 5 个城市均

有所不同:在绝大多数年份里第二产业占比超过第三产业,2019 年第三
产业才第一次以微弱优势(2.8%)反超第二产业,2020 年受疫情影响,
工业产值占比持续下降,第二、第三产业差距拉大到 5.5%,2021 年这一
差距又缩小到 1.7%。这当然与宁波市致力创建国家级制造业高质量发展
示范区,打造世界级产业集群新优势的战略举措及区域比较优势密不
可分。

3. 东三省区域:第一产业占比相对较高,三次产业总体呈"三二一"格局

辽宁省、吉林省、黑龙江省作为新中国成立初期的重工业基地和我
国重要的农业基地,其产业结构调整有着自身特点。本报告以哈尔滨市、
沈阳市、长春市三个城市为考察对象,图 7 显示了 2013 - 2021 年三个城
市三次产业比重变化情况,可以看出,该区域第一产业占比相对于长三
角和泛珠三角城市而言略高,与泛珠三角地区相似,第二产业占比低于
长三角区域,从变化轨迹来看,第二产业占比呈现先降后稳态势,表现
为 2013 - 2015 年以较大幅度下降,2016 年之后趋稳。第三产业占比保持
稳步提升,在 2019 年达到顶峰,此后略有回落,总体占比低于泛珠三角
地区,和长三角区域相似。

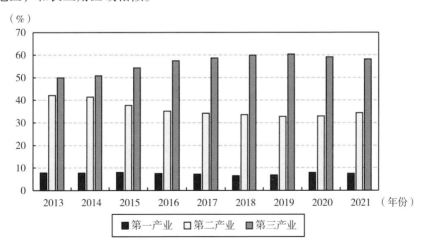

图 7 我国东三省区域总体产业结构变化情况(2013 - 2021 年)

图 8 展示了哈尔滨、沈阳、长春三次产业比重的变化过程。由图 8 可见，三个城市之间存在一定的产业结构差异。哈尔滨市第一产业在三个城市中最高，在 2013 – 2021 年都在第三产业中占比 10% 以上，长春和沈阳虽低于哈尔滨，但也是明显高于泛珠三角和长三角地区的 6 个城市。从第二产业和第三产业的比重看，长春第二和第三产业比重基本持平，相差并不大。从基本面看，第二产业占比逐年小幅稳定下降，第三产业稳步提升。哈尔滨在 2013 – 2015 年、沈阳在 2013 – 2016 年第二产业呈现大幅下降态势，随后下降幅度放缓，最近两年出现了小幅回升的迹象。第三产业在相对应时间内的走势刚好相反，前期快速增长，中间持稳，后期又微有下降。2021 年哈尔滨的第三产业所占比重为 65.1%，高于沈阳的 60% 和长春的 50.9%。

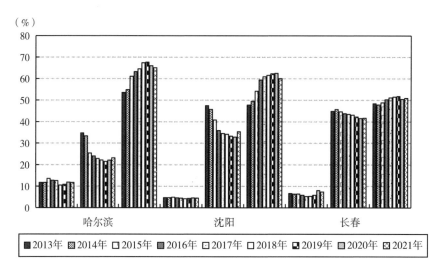

图 8　我国东三省地区（分城市）产业结构变化情况（**2013 – 2021 年**）

4. 环渤海区域：整体呈"三二一"格局，但年际间呈不规则波动

环渤海区域是指环绕着渤海全部及黄海的部分沿岸地区所组成的广大经济区域。与泛珠三角和长三角区域不同的是，环渤海区域是一个复合的经济区，由三个次级的经济区组成，即京津冀圈、山东半岛圈和辽东半岛圈。本报告选择济南市、青岛市、大连市作为考察对象，图 9 显

示了 2013－2021 年被研究的三个城市三次产业比重变化情况。结合图中走势可以发现，三个城市的第一产业比重以极微幅度下降，从 2013 年的 5.2% 下降到 2021 年的 4.2%，在 GDP 中的占比基本保持稳定。第二产业和第三产业则呈现先波动后稳定的态势：2013－2016 年第二产业稳步下降，第三产业稳步上升，但 2017 年之后，第二产业和第三产业占比保持稳定。2021 年三次产业结构比例为"4.2∶36.9∶58.9"。

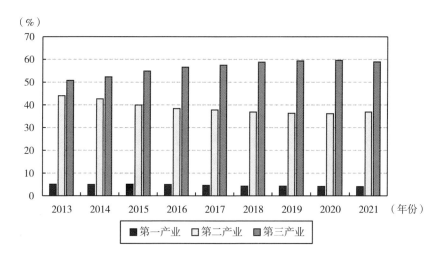

图 9　我国环渤海区域总体产业结构变化情况（2013－2021 年）

图 10 展示了济南、青岛、大连三次产业比重变化情况。由图 10 可见，济南和青岛两个城市，无论是三次产业结构还是第三产业占比变化，极其相似。两个城市的第一产业占比都不高，且逐年稳步下降。第二产业和第三产业呈相反态势变化，前者逐年稳步降低，后者逐年稳步提升。大连的产业结构和济南、青岛均有所不同：一是第一产业占比明显高于济南和青岛；二是第二产业和第三产业有波动，即没有呈现规律性特征，如第三产业在 2014－2015 年出现了大幅度上扬，2016－2018 年增速趋缓，但从 2019 年起第三产业占比不仅没有提升反而跌落至 2015 年的水平。

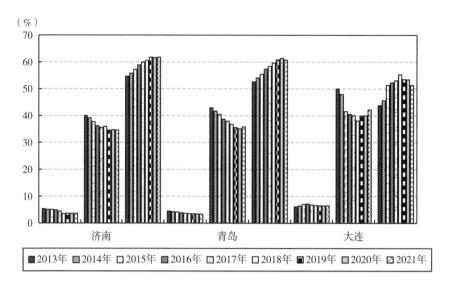

图 10　我国环渤海区域（分城市）产业结构变化情况（2013 – 2021 年）

5. 中西部区域：产业结构调整优化呈现阶段性"跳跃式"特征

中西部区域一般指我国中部和西部的 18 个省市，该区域包含省市众多，省市之间差异性较大，无法泛而论之。本报告选取武汉、西安、成都这三个副省级城市作为考察对象，2013 – 2021 年三个城市产业结构变化情况详见图 11。与上述四个区域相比，以武汉、西安、成都为代表的中西部地区经济转型升级相对缓慢，在"十二五""十三五"期间逐步夯实基础，稳步推进产业结构升级和优化，实现由第二产业为主向第三产业为主过渡。

图 12 展示了武汉、西安、成都三个城市的三次产业比重变化情况。由图 12 可见，三个城市的第一产业都保持稳中有降的态势，而第二产业与第三产业变化则各具特色：武汉在 2015 – 2016 年有较大幅度的调整，第二产业占比从 45.7% 下降至 39.7%，第三产业占比从 51.0% 上升到57.3%，其他年份第二产业和第三产业均保持稳定小幅调整；西安总体和武汉类似，在 2014 – 2015 年第二产业和第三产业占比下降和上升均高于其他年份，其他年份第二产业和第三产业变化较小；相比之下，成都

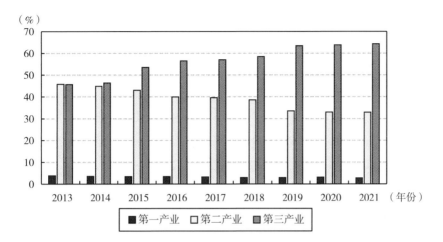

图 11 我国中西部地区总体产业结构变化情况（2013－2021 年）

则呈现跳跃式变化的特征，在 2018－2019 年第二产业占比出现了大幅下降（由 42.5%下降到 30.5%），其他年份均处于较为稳定的态势，第三产业则经历 2014－2015 年、2018－2019 年两次大幅度调整（分别由 38.3%到 52.8%、由 54.1%到 65.9%），其他年份也都处于较为稳定的态势。

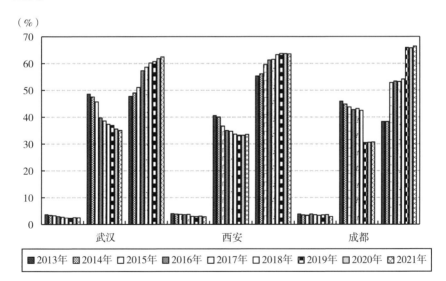

图 12 我国中西部地区（分城市）产业结构变化情况（2013－2021 年）

（三）变动趋势：符合"配第—克拉克定理"产业演变规律

从上述五个区域共 15 个副省级城市为期 9 年的产业结构变化分析中可以看出，被研究的十五个副省级城市产业结构变动趋势基本与全国一致：即第一产业保持总体稳定并小幅下调，完成"去工业化"，实现"十四五"期末第二产业降至 35.5% 的目标，第三产业保持"质"和"量"的双重增长。

2012 年，我国第三产业比重首次超过第二产业，产业结构整体步入"三二一"格局。同一时期，本研究考察的 15 个副省级城市产业结构大致可以分为三种类型：A 类是第三产业比重远超第二产业（大于 9% 或以上），包括深圳（12.5%）、广州（28.0%）、南京（11.6%）、杭州（12.6%）、哈尔滨（18.8%）、济南（14.6%）、青岛（9.7%）、西安（14.8%）等 8 个城市；B 类是第二产业和第三产业基本持平[1]，包括厦门（3.8%）、沈阳（0.3%）、长春（3.5%）、武汉（-0.8%）等 4 个城市；C 类是第三产业占比低于第二产业，包括宁波（-5.7%）、大连（-6.2%）、成都（-7.6%）等三个城市。

截至 2021 年 15 个城市的产业结构类型基本趋同，大致分为两类：第一类是第三产业占比大幅超过第二产业；第二类是第二三产业基本持平。后者仅有宁波（1.7%），前者包含除宁波之外的其他 14 个副省级城市，依次为广州（44.2%）、哈尔滨（42.0%）、杭州（37.5%）、成都（35.7%）、西安（30.0%）、武汉（27.4%）、济南（27.1%）、深圳（26.0%）、南京（26.0%）、青岛（24.9%）、沈阳（24.6%）、厦门（17.6%）、长春（9.3%）、大连（9.1%）[2]。

根据"配第—克拉克定理"，随着社会经济的发展，三次产业生产总值比重和劳动力比重变化的规律是从第一产业到第二产业再到第三产业

---

[1] 负值表示第三产业低于第二产业。
[2] 括号内百分比是指第三产业占比高出第二产业占比的值。

为主导。15 个副省级城市（除宁波外）都体现了这种产业演变规律。宁波市的特例与该城市注重先进制造业和现代服务业发展，中高端制造业表现强劲，汽车制造、新能源、高端装备、新材料和电子信息产业发达有很大关系。

二、职业教育结构现状分析

职业教育结构是指职业教育系统的内部各要素的构成状态。本报告将从职业教育学校设置、专业大类结构和专业的产业分布三个方面，分五个区域剖析 15 个副省级城市职业教育的现状。

（一）职业教育学校设置

1. 中职、高职学校规模与同等学校相当

根据 2022 年 3 月教育部发布的 2021 年全国教育事业统计数据，全国共有高等学校 3012 所。其中，普通本科学校 1238 所，本科层次职业学校 32 所，高职（专科）学校 1486 所。普通本科招生 444.60 万人，在校生 1893.10 万人；职业本科招生 4.14 万人，在校生 12.93 万人；高职（专科）招生 552.58 万人，在校生 1590.10 万人。由此可见，在高等教育阶段，高等职业教育已稳占半壁江山，在学校数量上比普通本科学校多了 280 所，在招生人数上比普通本科院校多了 112.12 万人。全国共有普通高中 1.46 万所，招生 904.95 万人，在校生 2605.03 万人。其中，中等职业学校 7294 所，招生 488.99 万人，在校生 1311.81 万人。也就是说在高中教育阶段，无论是学校数量还是招生人数，中等职业教育同样占据半壁江山。

2. 中职、高职、开设高职专业的其他高校数量呈 63∶27∶10 分布

根据 2021 年 15 个副省级城市的高职专业备案数据和中职专业备案数

据统计，在 15 个副省级城市中完成职业教育专业备案的学校共有 1055 所，其中中职学校 663 所，高职学校（含职业本科学校 7 所）286 所，开设高职专业的其他普通高校 106 所。五大区域职业教育的学校设置情况详见表 1、图 13。

表 1　　　　全国 15 个副省级城市职业教育布局分析（2021 年）

学校类型	全国 （15 个城市）	东三省地区 （3 个城市）	环渤海地区 （3 个城市）	长三角地区 （3 个城市）	泛珠三角 地区 （3 个城市）	中西部地区 （3 个城市）
中职学校（所）	663	179	131	99	65	189
高职学校（所）	286	57	39	43	59	88
开设高职专业的 其他高校数（所）	106	22	23	6	5	50
合计	1055	258	193	148	129	327

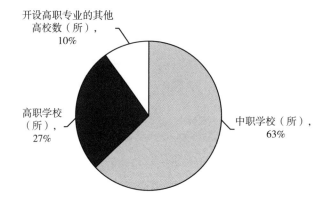

图 13　全国 15 个副省级城市职业教育学校设置（2021 年）

3. 中西部、东三省区域学校数量相对较多，逾五成

从具体五个区域的职业教育学校设置来看，中西部地区的学校总数量最多（327 所），东三省地区（258 所）和环渤海地区（193 所）次之，长三角地区（148 所）和泛珠三角地区（129 所）较少。每个区域中职学校数量均多于高职学校数量，其中泛珠三角地区的中职学校与高职学校

的占比差距最小，中职学校占比为 50.39%，高职学校占比为 45.74%；东三省地区中职学校与高职学校的占比差距最大，中职学校占比高达 69.38%，高职学校占比仅为 22.09%（见图 14）。

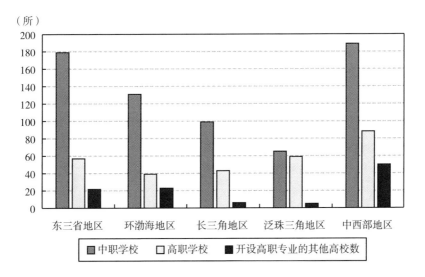

图 14 不同区域的副省级城市职业教育学校设置（2021 年）

职业学校办学条件是体现职业教育质量的重要指标，也是办好人民满意的职业教育的关键指标。以沈阳市为例，根据数据统计分析，中职学校办学条件不达标指标主要是校舍面积、专任教师、生均图书、仪器设备值等；高等职业学校未达标的指标主要集中在生师比、生均教学行政用房面积、生均图书数量三个方面。

（二）专业大类结构

1. 中职招生文化艺术大类最多，专业布点数电子与信息大类占优

就中职专业而言，根据 2021 年 15 个副省级城市的中职招生数据，中职专业覆盖了所有的 19 个专业大类。其中专业数最多的三个专业大类分别是文化艺术大类（58 种）、交通运输大类（46 种）和装备制造大类（37 种），专业数最少的三个专业大类是水利大类（1 种）、公安与司法大

类（2种）和轻工纺织大类（7种）；专业布点数最多的三个专业大类是电子与信息大类（812个）、装备制造大类（745个）和财经商贸大类（727个），专业布点数最少的三个专业大类是水利大类（2个）、公安与司法大类（3个）和能源动力与材料大类（11个）（见表2）。

表2　　　全国15个副省级城市职业教育专业的专业
大类总体分布情况（2021年）

专业大类名称	中职专业			高职专业		
	专业数（种）	专业布点数（个）	专业布点比率（%）	专业数（种）	专业布点数（个）	专业布点比率（%）
农林牧渔大类	26	131	2.38	34	201	1.61
资源环境与安全大类	21	55	1.00	32	194	1.56
能源动力与材料大类	9	11	0.20	27	123	0.99
土木建筑大类	25	191	3.47	32	970	7.79
水利大类	1	2	0.04	14	47	0.38
装备制造大类	37	745	13.53	59	1446	11.61
生物与化工大类	8	30	0.54	15	91	0.73
轻工纺织大类	7	61	1.11	22	104	0.83
食品药品与粮食大类	14	49	0.89	25	279	2.24
交通运输大类	46	656	11.91	61	1091	8.76
电子与信息大类	34	812	14.75	37	1848	14.83
医药卫生大类	29	275	4.99	35	712	5.71
财经商贸大类	27	727	13.20	42	2010	16.13
旅游大类	16	496	9.01	18	621	4.98
文化艺术大类	58	692	12.57	55	1181	9.48
新闻传播大类	9	119	2.16	22	276	2.22
教育与体育大类	13	334	6.07	44	864	6.93
公安与司法大类	2	3	0.05	22	121	0.97
公共管理与服务大类	16	117	2.12	20	280	2.25
合计	398	5506	100.00	616	12459	100.00

2. 高职招生交通运输大类最多，专业布点数财经贸易大类占优

就高职专业而言，根据 2021 年 15 个副省级城市的高职专业备案数据，高职专业覆盖了所有的 19 个专业大类。其中专业数最多的三个专业大类分别是交通运输大类（61 种）、装备制造大类（59 种）和文化艺术大类（55 种），专业数最少的三个专业大类是水利大类（14 种）、生物与化工大类（15 种）和旅游大类（18 种）；专业布点数最多的三个专业大类是财经商贸大类（2010 个）、电子与信息大类（1848 个）、装备制造大类（1446 个），专业布点数最少的三个专业大类是水利大类（47 个）、生物与化工大类（91 个）和轻工纺织大类（104 个）。

3. 因地制宜，五个区域中高职专业类、专业布点数各具特色

从具体五个区域分布来看，东三省地区中职专业不含公安与司法大类，高职专业覆盖了全部的 19 个专业大类。其中，文化艺术大类、交通运输大类的中职专业数和专业布点数都较多；水利大类、能源动力与材料大类的中职专业数和专业布点数都较少；交通运输大类、装备制造大类和财经商贸大类的高职专业数较多，轻工纺织大类、水利大类和生物与化工大类的高职专业数较少；装备制造大类、财经商贸大类、电子与信息大类的高职专业布点数较多，生物与化工大类、轻工纺织大类和水利大类的高职专业布点数较少（见表 3）。

表 3　　东三省地区职业教育专业的专业大类分布情况（2021 年）

专业大类名称	中职专业			高职专业		
	专业数（种）	专业布点数（个）	专业布点比率（%）	专业数（种）	专业布点数（个）	专业布点比率（%）
农林牧渔大类	14	38	2.43	26	64	3.18
资源环境与安全大类	5	10	0.64	13	32	1.59
能源动力与材料大类	3	3	0.19	15	25	1.24
土木建筑大类	12	45	2.88	27	148	7.36

续表

专业大类名称	中职专业			高职专业		
	专业数（种）	专业布点数（个）	专业布点比率（%）	专业数（种）	专业布点数（个）	专业布点比率（%）
水利大类	1	1	0.06	7	12	0.60
装备制造大类	19	197	12.60	34	281	13.97
生物与化工大类	3	4	0.26	7	10	0.50
轻工纺织大类	4	11	0.70	6	10	0.50
食品药品与粮食大类	8	13	0.83	15	77	3.83
交通运输大类	27	240	15.36	38	208	10.34
电子与信息大类	15	204	13.05	29	246	12.23
医药卫生大类	19	118	7.55	31	188	9.34
财经商贸大类	12	159	10.17	34	261	12.97
旅游大类	9	119	7.61	13	94	4.67
文化艺术大类	28	243	15.55	31	120	5.96
新闻传播大类	5	25	1.60	12	33	1.64
教育与体育大类	7	100	6.40	31	129	6.41
公安与司法大类	0	0	0.00	20	32	1.59
公共管理与服务大类	9	33	2.11	10	42	2.09
合计	200	1563	100.00	399	2012	100.00

环渤海地区中职专业不含公安与司法大类，中职和高职专业都不含水利大类专业。交通运输大类、文化艺术大类和装备制造大类的中职专业数较多，轻工纺织大类和生物与化工大类的中职专业数较少，装备制造大类、电子与信息大类和财经商贸大类的中职专业布点数较多，能源动力与材料大类、生物与化工大类中职专业布点数较少；高职专业数最多的三个专业大类与东三省地区一样，分别是交通运输大类、装备制造大类和财经商贸大类，专业数最少的三个专业大类分别是轻工纺织大类、农林牧渔大类和生物与化工大类；财经商贸大类、电子与信息大类和装备制造大类的高职专业布点数较多，轻工纺织大类、农林牧渔大类和生物与化工大类的高职专业布点数较少（见表4）。

表 4　　环渤海地区职业教育专业的专业大类分布情况（2021 年）

专业大类名称	中职专业			高职专业		
	专业数（种）	专业布点数（个）	专业布点比率（%）	专业数（种）	专业布点数（个）	专业布点比率（%）
农林牧渔大类	15	31	3.10	5	9	0.59
资源环境与安全大类	7	11	1.10	8	12	0.79
能源动力与材料大类	4	4	0.40	14	14	0.92
土木建筑大类	7	35	3.50	28	116	7.66
水利大类	0	0	0.00	0	0	0.00
装备制造大类	19	187	18.70	34	194	12.81
生物与化工大类	3	5	0.50	6	11	0.73
轻工纺织大类	2	12	1.20	4	6	0.40
食品药品与粮食大类	6	8	0.80	9	19	1.25
交通运输大类	22	112	11.20	45	145	9.58
电子与信息大类	17	140	14.00	28	238	15.72
医药卫生大类	11	37	3.70	24	86	5.68
财经商贸大类	10	129	12.90	32	246	16.25
旅游大类	9	95	9.50	15	78	5.15
文化艺术大类	22	86	8.60	31	142	9.38
新闻传播大类	4	20	2.00	17	36	2.38
教育与体育大类	9	67	6.70	28	111	7.33
公安与司法大类	0	0	0.00	12	16	1.06
公共管理与服务大类	5	21	2.10	12	35	2.31
合计	172	1000	100.00	352	1514	100.00

　　长三角地区中职专业不含公安与司法大类、水利大类和能源动力与材料大类专业，覆盖了全部的 19 个高职专业大类。其中，文化艺术大类、电子与信息大类和装备制造大类的中职专业数较多，财经商贸大类、装备制造大类和电子与信息大类的中职专业布点数较多，生物与化工大类、轻工纺织大类和食品药品与粮食大类的中职专业数和专业布点数都较少；交通运输大类、文化艺术大类和财经商贸大类的高职专业数较多，水利大类、生物与化工大类和公共管理与服务大类的高职专业数较少，财经

商贸大类、电子与信息大类和文化艺术大类的专业布点数较多，水利大类、能源动力与材料大类和生物与化工大类的专业布点数较少（见表5）。

表5　　　　长三角地区职业教育专业的专业大类分布情况（2021 年）

专业大类名称	中职专业			高职专业		
	专业数（种）	专业布点数（个）	专业布点比率（%）	专业数（种）	专业布点数（个）	专业布点比率（%）
农林牧渔大类	9	26	2.64	14	23	1.33
资源环境与安全大类	9	18	1.83	12	31	1.79
能源动力与材料大类	0	0	0	9	13	0.75
土木建筑大类	14	48	4.87	23	129	7.45
水利大类	0	0	0	4	4	0.23
装备制造大类	26	142	14.40	31	196	11.32
生物与化工大类	3	7	0.71	7	16	0.92
轻工纺织大类	4	17	1.72	12	27	1.56
食品药品与粮食大类	4	4	0.41	23	46	2.66
交通运输大类	18	78	7.91	46	152	8.78
电子与信息大类	28	147	14.91	29	228	13.16
医药卫生大类	16	31	3.14	27	99	5.72
财经商贸大类	22	161	16.33	35	312	18.01
旅游大类	15	104	10.55	17	100	5.77
文化艺术大类	38	119	12.07	39	199	11.49
新闻传播大类	8	21	2.13	14	31	1.79
教育与体育大类	9	47	4.77	26	82	4.73
公安与司法大类	0	0	0	10	18	1.04
公共管理与服务大类	6	16	1.62	8	26	1.50
合计	229	986	100.00	386	1732	100.00

泛珠三角地区中职专业不含水利大类和能源动力与材料大类专业，覆盖了全部的 19 个高职专业大类。其中，文化艺术大类、装备制造大类的中职专业数较多，财经商贸大类和电子与信息大类的中职专业布点数较多；高职专业数最多的三个专业大类分别是交通运输大类、文化艺术

大类和教育与体育大类,专业数最少的三个专业大类分别是水利大类、轻工纺织大类和公共管理与服务大类;财经商贸大类、电子与信息大类和文化艺术大类的专业布点数较多,水利大类、能源动力与材料大类和轻工纺织大类的专业布点数较少。以广州市为例,高职专业布点数排名前三位分别是财经商贸大类、电子与信息大类、文化艺术大类个,排名后三位分别是生物与化工大类、农林牧渔大类和水利大类(见表6)。

表6　泛珠三角地区职业教育专业的专业大类分布情况(2021年)

专业大类名称	中职专业			高职专业		
	专业数(种)	专业布点数(个)	专业布点比率(%)	专业数(种)	专业布点数(个)	专业布点比率(%)
农林牧渔大类	2	5	0.76	19	49	1.60
资源环境与安全大类	4	4	0.61	17	43	1.40
能源动力与材料大类	0	0	0.00	13	22	0.72
土木建筑大类	10	22	3.36	28	229	7.45
水利大类	0	0	0.00	6	6	0.20
装备制造大类	18	76	11.62	25	313	10.19
生物与化工大类	2	2	0.31	12	29	0.94
轻工纺织大类	3	12	1.83	10	23	0.75
食品药品与粮食大类	6	10	1.53	20	81	2.64
交通运输大类	16	65	9.94	45	174	5.66
电子与信息大类	15	111	16.97	32	494	16.08
医药卫生大类	6	12	1.83	30	188	6.12
财经商贸大类	11	129	19.72	32	512	16.67
旅游大类	8	47	7.19	14	140	4.56
文化艺术大类	24	85	13.00	39	344	11.20
新闻传播大类	2	24	3.67	16	58	1.89
教育与体育大类	7	39	5.96	36	247	8.04
公安与司法大类	2	2	0.31	12	26	0.85
公共管理与服务大类	5	9	1.38	11	94	3.06
合计	141	654	100.00	417	3072	100.00

中西部地区的中职专业和高职专业均覆盖了全部的 19 个专业大类。其中，交通运输大类、文化艺术大类和装备制造大类的中职专业数较多，电子与信息大类、交通运输大类和文化艺术大类的中职专业布点数较多，水利大类和公安与司法大类的专业数和专业布点数最少；高职专业数最多的三个专业大类分别是交通运输大类、装备制造大类和教育与体育大类，专业数最少的两个专业大类分别是生物与化工大类和水利大类；专业布点数最多的三个专业大类是财经商贸大类、电子与信息大类和装备制造大类，专业布点数最少的三个专业大类是水利大类、生物与化工大类和公安与司法大类（见表 7）。

表 7　中西部地区职业教育专业的专业大类分布情况（2021 年）

专业大类名称	中职专业			高职专业		
	专业数（种）	专业布点数（个）	专业布点比率（%）	专业数（种）	专业布点数（个）	专业布点比率（%）
农林牧渔大类	13	31	2.38	24	56	1.36
资源环境与安全大类	7	12	0.92	25	76	1.84
能源动力与材料大类	4	4	0.31	19	49	1.19
土木建筑大类	10	41	3.15	29	348	8.43
水利大类	1	1	0.08	11	25	0.61
装备制造大类	18	143	10.97	52	462	11.19
生物与化工大类	6	12	0.92	9	25	0.61
轻工纺织大类	3	9	0.69	17	38	0.92
食品药品与粮食大类	5	14	1.07	17	56	1.36
交通运输大类	22	161	12.36	52	412	9.98
电子与信息大类	16	210	16.12	34	642	15.55
医药卫生大类	16	77	5.91	24	151	3.66
财经商贸大类	10	149	11.44	37	679	16.44
旅游大类	8	131	10.05	16	209	5.06
文化艺术大类	20	159	12.20	37	376	9.11
新闻传播大类	4	29	2.23	20	118	2.86
教育与体育大类	6	81	6.22	41	295	7.14
公安与司法大类	1	1	0.08	18	29	0.70
公共管理与服务大类	12	38	2.92	16	83	2.01
合计	182	1303	100.00	498	4129	100.00

（三）专业对应的产业分布

1. 中职、高职对应产业分布基本相同，以第三产业为主，呈"三二一"格局

2021 年全国 15 个副省级城市职业教育专业的产业分布总体情况如表 8 所示。对应第一产业的中职专业和高职专业的专业种类与专业布点数相差不大，对应第二产业和第三产业的高职专业种类与布点数明显多于中职专业。从专业布点数占比来看，中职专业和高职专业的产业分布基本相似，对应第一产业的专业布点占比为 1%~2%，对应第二产业的专业布点占比为 30% 左右，对应第三产业的专业布点占比为 68% 左右。

表 8　　全国 15 个副省级城市职业教育专业的产业分布总体情况（2021 年）

产业分布	中职专业			高职专业		
	数量	数量	比例	数量	数量	比例
	专业数（种）	专业布点数（个）	专业布点比率（%）	专业数（种）	专业布点数（个）	专业布点比率（%）
第一产业	23	113	2.05	27	140	1.12
第二产业	148	1676	30.44	236	3765	30.22
第三产业	227	3717	67.51	353	8554	68.66
合计	398	5506	100.00	616	12459	100.00

2. 环渤海地区中职专业对应第一产业占比最高，泛珠三角地区高职专业对应第三产业占比最高

从具体五个区域分布来看，环渤海地区对应第一产业的中职专业布点占比最高，而高职专业布点占比最低，对应第三产业的中职专业布点占比最低，而高职专业布点占比最高；泛珠三角地区对应第一产业的中职专业布点占比最低，对应第三产业的高职专业布点占比最高（见图 15、图 16）。

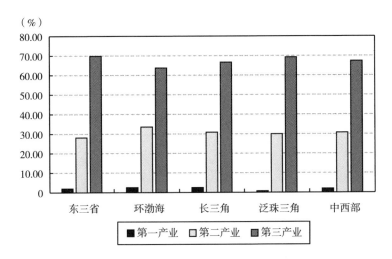

图 15 不同区域的副省级城市中职专业对应的产业分布（2021 年）

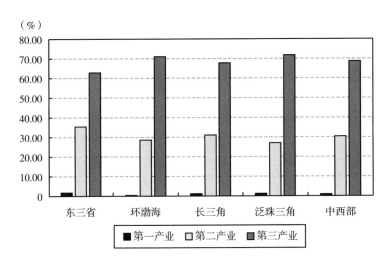

图 16 不同区域的副省级城市高职专业对应的产业分布（2021 年）

3. 五个区域近十年来高职专业对应的产业分布基本稳定

对 2013 – 2021 年高职专业对应产业数据的进一步统计发现，总体上 15 个城市对应第一产业的专业占比非常低（1% 左右），对应第二产业和第三产业的专业分别占 30% 左右和 70% 左右，第一、第二、第三产业专业的占比比较稳定。与 2013 年相比，2021 年对应第三产业的专业占比略有提升，对应第一产业和第二产业的专业占比略有回落；与2020年相比，2021年对应第一产业和第三产业的专业占比略有增加，对应第二产业占比略有降低（见图17）。

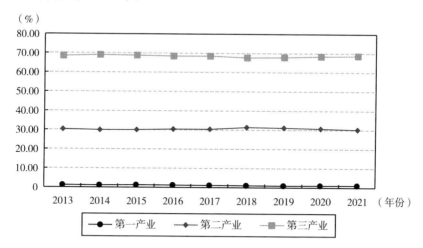

图17　全国15个副省级城市高职专业对应的产业分布趋势（2013–2021年）

从具体五个区域的分布来看，东三省地区对应第一产业、第二产业的专业占比略高于其他四个区域，环渤海地区和泛珠三角地区对应第三产业的专业占比略高于其他三个区域。

近十年来，东三省地区高职专业的产业分布总体比较稳定。2021年，东三省地区对应第一产业、第二产业和第三产业的专业占比分别为1.79%、35.39%和62.82%。与2013年相比，对应第三产业的专业占比略有提升，对应第一产业和第二产业的专业占比略有回落；与2020年相比，对应第一产业和第三产业的专业占比略有提升，对应第二产业的专业占比略有回落（见图18）。

近十年来，环渤海地区高职专业的产业分布总体也比较稳定。2021年，环渤海地区对应第一产业、第二产业和第三产业的专业占比分别为0.46%、28.47%和71.07%。与2013年相比，对应第三产业的专业占比略有提升，对应第一产业和第二产业的专业占比略有回落；与2020年相比，呈现相反的趋势，对应第一产业和第二产业的专业占比略有提升，对应第三产业的专业占比略有回落（见图19）。

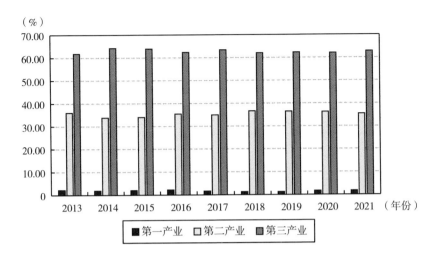

**图18　东三省地区3个副省级城市高职专业对应的
产业分布趋势（2013－2021年）**

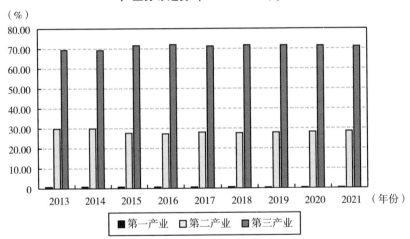

**图19　环渤海地区3个副省级城市高职专业对应的
产业分布趋势（2013－2021年）**

近十年来，长三角地区高职专业的产业分布总体也比较稳定。2021年，长三角地区对应第一产业、第二产业和第三产业的专业占比分别为1.15%、31.06%和67.78%。与2013年相比，对应第三产业的专业占比略有提升，对应第一产业和第二产业的专业占比略有回落；与2020年相比，对应第一产业和第三产业的专业占比略有提升，对应第二产业的专业占比略有回落（见图20）。

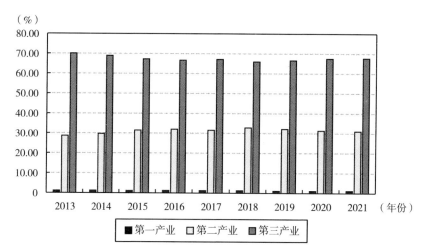

**图 20　长三角地区 3 个副省级城市高职专业对应的
产业分布趋势（2013 – 2021 年）**

近十年来，泛珠三角地区高职专业的产业分布总体也比较稳定。
2021 年，泛珠三角地区对应第一产业、第二产业和第三产业的专业占比
分别为 1.24%、26.99% 和 71.78%。与 2013 年相比，对应第二产业的专
业占比略有提升，对应第一产业和第三产业的专业占比略有回落；与
2020 年相比，对应第一产业的专业占比略有提升，对应第二产业的专业
占比略有回落，对应第三产业的专业占比基本保持不变（见图 21）。

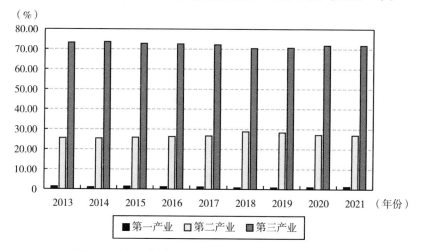

**图 21　泛珠三角地区 3 个副省级城市高职专业对应的
产业分布趋势（2013 – 2021 年）**

近十年来，中西部地区高职专业的产业分布总体也比较稳定。2021年，中西部地区对应第一产业、第二产业和第三产业的专业占比分别为0.94%、30.39%和68.66%。与2013年相比，对应第一产业和第三产业的专业占比略有提升，对应第二产业的专业占比略有回落；与2020年相比，对应第一产业和第三产业的专业占比有提升，对应第二产业的专业占比略有回落（见图22）。

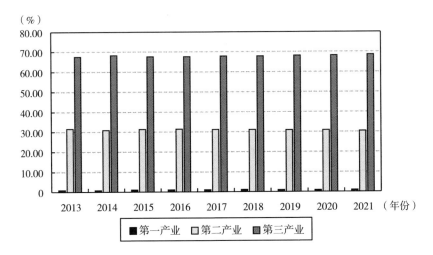

图22　中西部地区3个副省级城市高职专业对应的
产业分布趋势（2013–2021年）

4. 对应三次产业的高职专业总体稳定，东三省对应第一、第二产业比例相对较高，泛珠三角对应第三产业比例相对较高

从对应第一产业的高职专业占比趋势来看，总体比较稳定，部分区域近两年略有回升。东三省地区对应第一产业的专业占比最高，2019年为最低点（1.27%），近两年有所回升，2021年达到1.79%；环渤海地区对应第一产业的专业占比最低，2019年跌到新低（0.44%）后，近两年基本保持稳定，2021年为0.46%；泛珠三角地区在2018年跌到新低（0.79%）后，近三年有所回升，2021年为1.24%；长三角地区相对比较稳定，2021年（1.24%）略高于2020年（1.02%）；中西部地区也相对比较稳定，2021年（0.94%）略高于2020年（0.92%）（见图23）。

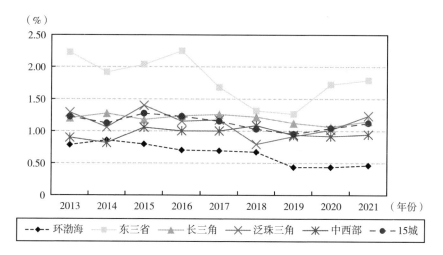

图 23 对应第一产业的高职专业占比趋势（2013-2021 年）

从对应第二产业的高职专业占比趋势来看，总体也比较稳定，部分区域在 2018 年达到新高点后，近三年略有回落。东三省地区对应第二产业的专业占比最高，2018 年为最高点（36.62%），近三年有所回落；泛珠三角地区对应第二产业的专业占比最低，2018 年达到新高（28.79%）后，近三年也有所回落；环渤海地区略有不同，2018 年为 27.59%，近三年反而有所回升；长三角地区、中西部地区相对稳定，近三年也有所回落（见图 24）。

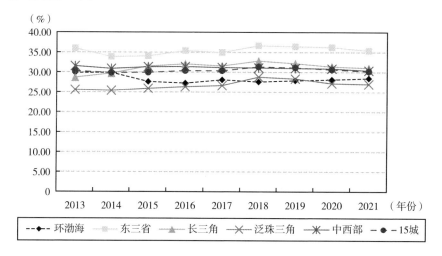

图 24 对应第二产业的高职专业占比趋势（2013-2021 年）

从对应第三产业的高职专业占比趋势来看，总体也比较稳定，大部分区域近三年有所提升。泛珠三角地区对应第三产业的专业占比最高，2014 年为最高点（73.55%），2018 年为最低点（70.42%），近三年有所回升；东三省地区对应第三产业的专业占比最低，2021 年略有回升；环渤海地区略有不同，2018 年达到新高（71.74%），近三年反而有所回落；长三角地区、中西部地区相对稳定，近三年有所回升（见图 25）。

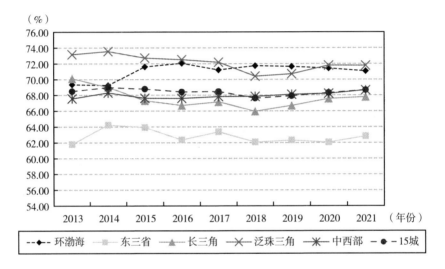

图 25 对应第三产业的高职专业占比趋势（2013 - 2021 年）

三、职业教育"专业—产业"适应性问题分析

职业教育"专业—产业"适应性涉及人才培养和供给、技术研发和服务、城市产业发展与动能转换等多个层面，包含布局、规模、层次、规格及效益五个维度。专业结构与产业结构的适应性是职业教育适应区域发展最核心的部分。专业结构与产业结构相互影响，共同促进城市的转型发展，城市的发展反作用于产业结构调整和高技能人才就业市场，进而影响了职业教育的专业结构，形成"专业—产业—城市"的可持续

发展闭环。本报告采用职业教育专业—产业偏离度（Z—G 偏离度）、中职—高职专业结构偏离度（Z—G 偏离度）等方法，从专业结构层面对职业教育的"专业—产业"适应性进行量化分析。结果显示，当前职业教育"专业—产业"适应性欠佳，存在专业结构与产业结构吻合度不高、专业重复设置、对接战略性新兴产业的专业设置不足、中高职专业结构贯通性不够等问题。

（一）中职、高职专业结构与产业结构吻合度不高

职业教育专业结构是否对接产业结构动态变化，体现了专业结构的产业适应性。本报告采用职业教育专业—产业偏离度（Z—G 偏离度）判定专业结构与产业结构的吻合度，以专业布点数比率反映专业结构，以区域当年的第一、第二或第三产业的 GDP 比率表示产业结构，按照中职专业和高职专业分别进行统计，具体计算公式如下：

$$Z\text{—}C\ 偏离度 = \frac{专业布点比率}{产业\ GDP\ 比率} - 1$$

Z—C 偏离度 >0 时，表明对应该产业领域的专业布点比率高于 GDP 比率，专业布点过多；Z—G 偏离度 <0 时，表明对应该产业领域的专业布点比率低于 GDP 比率，专业布点过少；偏离度越趋向于 0，说明这两个指标越协调，代表专业结构和产业结构的吻合度越高，专业结构的产业适应性越强。

1. 中职对应第三产业的专业布点过多，第一、第二产业相对较少

2021 年中职 Z—C 偏离度结果如表 9 和图 26 所示。从全国 15 个副省级城市总体情况来看，第三产业的专业—产业偏离度较小，第一产业和第二产业的专业—产业偏离度绝对值较大，且为负值，说明对应第一产业和第二产业的专业布点过少，而第三产业的专业布点过多。

表9 专业—产业偏离度（2021年中职专业）

产业领域	全国（15个城市）	东三省地区（3个城市）	环渤海地区（3个城市）	长三角地区（3个城市）	泛珠三角地区（3个城市）	中西部地区（3个城市）
第一产业	− 0.20	− 0.74	− 0.38	0.25	0.39	− 0.28
第二产业	− 0.13	− 0.18	− 0.09	− 0.18	− 0.10	− 0.07
第三产业	0.08	0.20	0.08	0.10	0.05	0.05

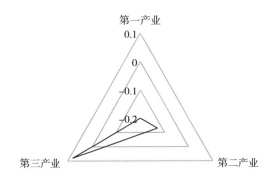

图26 全国15个副省级城市中职专业—产业偏离度（2021年）

2. 东三省地区中职对应第一产业的专业布点过少，长三角地区和泛珠三角地区则过多

从具体五个区域来看，东三省地区的中职 $Z—C$ 偏离度最大，其中第一产业的中职 $Z—C$ 偏离度为 − 0.74，对应第一产业的专业布点明显过少，第三产业的中职 $Z—C$ 偏离度为0.20，对应第三产业的专业布点过多；环渤海地区和中西部地区的中职 $Z—C$ 偏离度与全国15个城市的总体情况比较接近，对应第一产业和第二产业的专业布点过少，而对应第三产业的专业布点过多；长三角地区和泛珠三角地区则与其他几个区域略有不同，第一产业的专业布点数分别为0.25和0.39，说明对应第一产业的专业布点明显过多。

3. 高职对应第三产业的专业布点同样偏多，第一、第二产业偏少

2021年高职 $Z—C$ 偏离度结果如表10和图27所示。与中职相比，高

职的 Z—C 偏离度明显偏大。从全国 15 个副省级城市总体情况来看，第二产业和第三产业的专业—产业偏离度绝对值较小，第二产业为负值，第三产业为正值，第一产业的专业—产业偏离度绝对值较大，且为负值，说明对应第一产业的专业布点明显过少，对应第二产业的专业布点也偏少，而对应第三产业的专业布点偏多。

表10 专业—产业偏离度（2021 年高职专业）

产业领域	全国 （15 个城市）	东三省 地区 （3 个城市）	环渤海 地区 （3 个城市）	长三角 地区 （3 个城市）	泛珠三角 地区 （3 个城市）	中西部 地区 （3 个城市）
第一产业	− 0.56	− 0.76	− 0.89	− 0.43	1.25	− 0.66
第二产业	− 0.13	0.03	− 0.23	− 0.17	− 0.19	− 0.08
第三产业	0.10	0.08	0.21	0.12	0.08	0.07

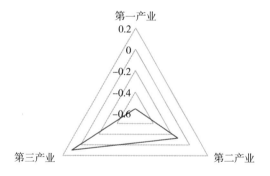

图 27　全国 15 个副省级城市高职专业—产业偏离度（2021 年）

4. 泛珠三角地区高职对应第一产业的专业布点过多，环渤海过少

从具体五个区域来看，泛珠三角地区的高职 Z—C 偏离度最大，其中第一产业的高职 Z—C 偏离度为 1.25，对应第一产业的专业布点明显过多，第二产业的 Z—C 偏离度为 − 0.19，对应第二产业的专业布点过少；环渤海地区的第一产业和第二产业的高职 Z—C 偏离度分别为 − 0.89 和 − 0.23，对应第一产业和第二产业的专业布点过少；长三角地区和中西部地区的 Z—C 偏离度与全国 15 个城市的总体情况比较接近，对应第一产业和第二产业的专业布点过少，而对应第三产业的专业布点过多；东

三省地区则与其他几个区域略有不同，第二产业的专业布点数为 0.03，说明对应第二产业的专业布点偏多。与中职相比，长三角地区对应第一产业的中职专业布点偏多，高职专业布点偏少；东三省地区对应第二产业的中职专业布点偏少，高职专业布点偏多；其他几个区域的高职 $Z—C$ 偏离度与中职 $Z—C$ 偏离度具有一定的相似性，都是对应第一产业和第二产业的专业布点数过少，而第三产业的专业布点数过大，只是高职的 $Z—C$ 偏离度略大于中职的 $Z—C$ 偏离度。

5. 不同区域所在学校专业—产业适应性问题各具特点

每个城市略有差异，以长三角地区的宁波市为例，职业学校专业结构与产业结构适应性总体上不甚理想，2021 年中职三次产业的 $Z—C$ 偏离程度分别为 −0.02、−0.45、0.43，第一产业的适应性较好，第二、第三产业偏离度绝对值较大且正反形成显著反差，宁波作为制造业强市，第二产业仍然占主导地位，但低办学成本的所谓热门专业设置过多，对智能制造类紧缺专业产生挤出效应，与产业结构适应不强；高职三次产业的 $Z—C$ 偏离程度分别为 −0.41、−0.34、0.35，相对于中职，高职第一产业专业设置过少且适应性较差，第二、第三产业适应性稍好，但同样存在偏离度绝对值偏大、第二产业专业设置少、第三产业专业设置多等问题。东三省地区的沈阳市作为老工业基地，近年来大力发展数字产业和现代服务业，第二产业和第三产业呈现齐头并进态势，除第一产业外，中职学校专业设置与产业结构较为匹配，高职学校第一产业专业设置过少且适应性较差，第二产业专业设置多、第三产业专业设置少，适应性一般，同时存在偏离度绝对值偏大的问题。

（二）与区域发展战略相匹配的专业设置不足

1. 部分学校办学定位模糊，未能有效支撑新兴产业发展

新兴产业发展迅猛，逐步成为推动经济向高质量发展的重要力量。

2020 年 9 月，国家发改委、科技部、工业和信息化部、财政部四部门联合印发《关于扩大战略性新兴产业投资培育壮大新增长点增长极的指导意见》，明确聚焦信息技术产业、生物产业、高端装备制造产业、新材料产业、新能源产业、智能及新能源汽车产业、节能环保产业、数字创意产业等八大重点产业投资领域。区域新兴产业、高端产业的发展需要高层次的技术技能人才，然而通过访谈调研发现，目前相关专业尤其是本科层次职业教育专业设置还较单一，中高职一体化长学制办学也开展不足，未能有效支撑战略性产业的发展。以本科专业设置而例，总体上主要存在以下问题：一是学校申报专业基础弱、办学条件不足、质量不高。部分民办学校，其前身办学质量、条件较差，成为职业本科学校后依然存在着投入不足等问题。二是部分学校申报专业与区域发展需求、学校定位不匹配。一些学校申报专业没有体现学校发展特色和区域经济发展的需求，仅仅围绕"好招生"来设置专业，盲目追求规模。三是部分学校人才培养定位模糊不清。由于职业本科学校在我国属于新生事物，相关的标准体系配套还不完善，导致部分学校出现人才培养定位模糊不清，盲目参照普通本科办学或者简单延长专科办学模式。

2. 专业布点调整未能及时跟上产业结构优化步伐

粤港澳大湾区经济发展水平全国领先，产业体系完备，珠三角九市已初步形成以战略性新兴产业为先导、先进制造业和现代服务业为主体的产业结构。以广州市为例，"十三五"期间，广州培育了生物医药与健康、文化创意与设计两大增加值规模超千亿元新兴产业集群，将新一代信息技术、智能与新能源汽车、生物医药与健康产业确定为"十四五"新兴支柱产业，将智能装备与机器人、轨道交通、新能源与节能环保、新材料与精细化工、数字创意产业确定为"十四五"新兴优势产业。数据统计发现，与智能装备与机器人、新一代信息技术、轨道交通、生物医药与健康产业相对应的装备制造大类、电子与信息大类、医药卫生大类专业布点充足，但与智能与新能源汽车、新能源与节能环保产业相对应的能源动力与材料大类和生物与化工大类专业布点严重不足。

环渤海地区的青岛市深入实施创新驱动发展战略，着力提升战略性新兴产业发展能级，促进产业基础能力和产业链现代化水平加速提升，全面发展壮大战略性新兴产业。"十四五"期间，青岛将集中优势资源，攻克关键核心技术，重点培育发展新一代信息技术、高端装备、新能源、新材料、智能网联及新能源汽车、绿色环保、航空航天、现代海洋、生物等产业。从青岛市高职专业设置与战略性新兴产业发展对接情况来看，除高端装备类新兴产业外，其他战略性新兴产业相关专业布局严重不足，尤其是新能源、新材料、绿色环保、航空航天、生物等新兴产业，能破解制约产业高质量发展"卡脖子"问题的高素质技术技能人才储备匮乏，制约着青岛新旧动能转换和国家战略性新兴产业基地建设进程。

长三角地区的宁波市在"十四五"期间将加快制造业"大优强、绿新高"发展，抢先布局人工智能、柔性电子、清洁能源、深海空天信息等未来产业，形成一批具有世界影响力的先进制造业集群和标志性产业链。根据宁波各县（市、区）区域主导产业分布及区域内职业学校专业布点情况，职业学校与区域主导产业相关专业布点比率整体较低，中职学校总体上优于高职学校。宁波市的中高职专业大类设置分布中，对接宁波重点产业、技能形成周期较长的资源环境与安全、能源动力与材料、装备制造、生物与化工、医药卫生等专业大类适应性弱，缺乏中职专业基础，不利于高端技术技能人才贯通培养。

3. 专业布点未能兼顾传统优势产业与新兴产业间平衡

东三省地区的辽宁省在"十四五"期间将做好结构调整"三篇大文章"，改造升级"老字号"、深度开发"原字号"、培育壮大"新字号"，实现工业振兴。辽宁将把发展经济着力点放在实体经济上，促进先进制造业和现代服务业深度融合，培育壮大精细化工、冶金精深加工和战略性新兴产业等先进制造业集群，明确汽车、机床、精细化工、机器人等18个重点产业链工程及重点行业目标。整体来看，沈阳市的高职学校专业设置服务"三篇大文章"战略情况较为理想，但在原材料深度开发和传统行业改造升级方面专业布点尚不够充分，尤其是在压缩机产业链、烯烃产业链、芳烃产业链、菱美产业链相关专业设置方面还需要加强，服务新兴技术相关产业链如机器人产业链、生物医药产业链、航空装备产业链相关专业布点数量较为充分。

中西部地区的西安市在《"十四五"产业发展规划》中提到，到2025年西安市基本形成"6+5+6+1"现代产业体系，先进制造业强市建设取得突破性进展，规模以上先进制造业总产值年均增长15%以上，占规模以上工业比重达到70%，国家级高新技术企业突破1万家，经济总量达到1.4万亿元以上。相对于目前陕西省产业结构布局的"三二一"模式，西安市职业学校中第二产业相关专业偏多，其数量和所占比重不符合第二产业在西安市经济中的地位和发展趋势；第三产业的专业设置数量过于庞大，又与西安市现有的第三产业发展状况不相适应，造成陕西省第三产业人才供给和需求不均衡。

（三）中职、高职专业设置集中度低同质化严重

职业教育的专业设置需要结合区域产业和学校办学条件，基于2021年专业布点数的统计分析，职业教育专业设置集中度较低，同质化明显，存在部分热门专业重复设置、盲目设置的情况。

1. 计算机应用、电子商务专业布点数在中职专业设置中比例最高

2021年15个城市中职专业布点数最多的十个专业如表11所示。总体来看，计算机类、电子类、财经类专业设置比较多，这些专业主要对应第三产业和第二产业，其中计算机应用专业和电子商务专业设置最广泛，覆盖了200余所学校。

表11　　　全国15个副省级城市中职专业布点数前10名（2021年）

专业名称	专业布点数	所属专业大类	对应产业领域
计算机应用	258	电子与信息大类	第三产业
电子商务	249	财经商贸大类	第三产业

续表

专业名称	专业布点数	所属专业大类	对应产业领域
汽车运用与维修	197	交通运输大类	第二产业
会计事务	188	财经商贸大类	第三产业
幼儿保育	179	教育与体育大类	第三产业
旅游服务与管理	174	旅游大类	第三产业
数控技术应用	151	装备制造大类	第二产业
机电技术应用	142	装备制造大类	第二产业
航空服务	131	交通运输大类	第三产业
计算机网络技术	115	电子与信息大类	第三产业

2. 大数据与会计、电子商务专业布点数在高职专业设置中遥遥领先

2021年15个城市高职专业布点数最多的十个专业如表12所示。总体来看，财经类、计算机类专业设置比较多，这些专业主要对应第三产业，其中大数据与会计、电子商务、现代物流管理、市场营销和旅游管理的专业设置非常广泛，均覆盖了200余所学校。

表12　　　　全国15个副省级城市高职专业布点数前10名（2021年）

专业名称	专业布点数	所属专业大类	对应产业领域
大数据与会计	304	财经商贸大类	第三产业
电子商务	299	财经商贸大类	第三产业
现代物流管理	226	财经商贸大类	第三产业
市场营销	211	财经商贸大类	第三产业
旅游管理	208	旅游大类	第三产业
计算机应用技术	199	电子与信息大类	第三产业
机电一体化技术	194	装备制造大类	第二产业
计算机网络技术	190	电子与信息大类	第三产业
软件技术	187	电子与信息大类	第三产业
酒店管理与数字化运营	173	旅游大类	第三产业

3. 特色类专业设置呈现区域集中倾向

从具体五个区域来看，除了上述15个城市的热门专业外，东三省地区中职专业的舞蹈表演、音乐表演，高职专业的空中乘务、汽车制造与试验技术设置也比较广泛；环渤海地区中职专业的工业机器人技术应用，高职专业的大数据技术、电气自动化和空中乘务设置也比较广泛；长三角地区中职专业的电子技术应用、高星级饭店运营与管理和中餐烹饪，高职专业的环境艺术设计、国际经济与贸易设置也比较广泛；泛珠三角地区中职专业的动漫与游戏制作、艺术设计与制作、工业机器人技术应用和商务英语，高职专业的物联网应用技术、工业机器人技术设置也比较广泛；中西部地区中职专业的高星级饭店运营与管理、绘画、城市轨道交通运营服务，高职专业的工程造价、建筑工程技术设置也比较广泛。

每个城市略有差异，以青岛市为例，青岛高职学校中重复率高于50%的专业有6个，开设学校占比最高达76.47%，7个专业2021年招生人数低于1500人，反映出青岛高职学校专业集中度低，专业重复度高，专业设置同质化严重，专业特色不强，部分院校专业设置跟风严重。西安市高等职业学校在专业设置上也存在着严重的跟风现象，造成一定程度的结构性失业困境。许多职业学校对市场需求和就业标准调研不足，大量开设数控专业，但西安多数企业数控设备相对较少，导致大量本专业学生毕业后主要从事普通机床的操作工作，未能从事数控设备操作的相关工作。

（四）中职、高职之间专业衔接贯通性不强

中高职贯通培养的逻辑起点在于专业结构，本报告采用中职—高职专业结构偏离度（$Z—G$ 偏离度）判定中高职专业结构的贯通性，以专业布点数比率反映专业结构，按照19个专业大类分别进行统计，具体计算公式如下：

$$Z—G\ 偏离度 = \frac{中职专业布点比率}{高职专业布点比率} - 1$$

$Z—G$ 偏离度 >0 时，表明该专业大类的中职专业布点比率高于高职专业布点比率；$Z—G$ 偏离度 <0 时，表明中职专业布点比率低于高职专业布点比率，偏离度越趋向于0，说明这两个指标越协调，代表中高职专

业结构贯通性越好。

1. 电子与信息等 3 大类专业贯通性相对较好，其他 16 个专业大类偏差大

2021 年中职—高职专业结构偏离度结果如表 13 所示。从全国 15 个副省级城市总体情况来看，$Z—G$ 偏离度绝对值较大，中高职专业结构贯通性不够。19 个专业大类里面，只有电子与信息大类、新闻传播大类、公共管理与服务大类这 3 个大类的 $Z—G$ 偏离度绝对值非常小，剩余 16 个专业大类的 $Z—G$ 偏离度绝对值都大于 0.1，尤其是能源动力与材料大类、水利大类和公安与司法大类的 $Z—G$ 偏离度绝对值非常大，且为负值，说明这几个专业大类缺乏中职专业基础，旅游大类 $Z—G$ 偏离度非常大，说明旅游专业大类在中职阶段的分布明显过多。

表 13   中职—高职专业结构偏离度（2021 年）

专业大类	全国（15 个城市）	东三省地区（3 个城市）	环渤海地区（3 个城市）	长三角地区（3 个城市）	泛珠三角地区（3 个城市）	中西部地区（3 个城市）
农林牧渔大类	0.47	−0.24	4.21	0.99	−0.52	0.75
资源环境与安全大类	−0.36	−0.60	0.39	0.02	−0.56	−0.50
能源动力与材料大类	−0.80	−0.85	−0.57	−1.00	−1.00	−0.74
土木建筑大类	−0.55	−0.61	−0.54	−0.35	−0.55	−0.63
水利大类	−0.90	−0.89	—	−1.00	−1.00	−0.87
装备制造大类	0.17	−0.10	0.46	0.27	0.14	−0.02
生物与化工大类	−0.25	−0.49	−0.31	−0.23	−0.68	0.52
轻工纺织大类	0.33	0.42	2.03	0.11	1.45	−0.25
食品药品与粮食大类	−0.60	−0.78	−0.36	−0.85	−0.42	−0.21
交通运输大类	0.36	0.49	0.17	−0.10	0.75	0.24
电子与信息大类	−0.01	0.07	−0.11	0.13	0.06	0.04
医药卫生大类	−0.13	−0.19	−0.35	−0.45	−0.70	0.62
财经商贸大类	−0.18	−0.22	−0.21	−0.09	0.18	−0.30
旅游大类	0.81	0.63	0.84	0.83	0.58	0.99
文化艺术大类	0.33	1.61	−0.08	0.05	0.16	0.34
新闻传播大类	−0.02	−0.02	−0.16	0.19	0.94	−0.22
教育与体育大类	−0.13	0.00	−0.09	0.01	−0.26	−0.13
公安与司法大类	−0.94	−1.00	−1.00	−1.00	−0.64	−0.89
公共管理与服务大类	−0.05	0.01	−0.09	0.08	−0.55	0.45

2. 各个区域不同城市部分专业大类的中、高职衔接偏离度大，问题显现

从具体五个区域来看，东三省地区的文化艺术大类 $Z—G$ 偏离度非常大，说明该专业大类在中职阶段的分布明显偏多，公安与司法大类的 $Z—G$ 偏离度绝对值较大且为负值，说明该专业大类在中职阶段的分布偏少；环渤海地区的农林牧渔大类和轻工纺织大类的 $Z—G$ 偏离度非常大，说明这两个专业大类在中职阶段的分布明显偏多，与东三省地区相似，公安与司法大类在中职阶段的分布偏少；长三角地区与全国 15 个城市的分布比较接近，能源动力与材料大类、水利大类和公安与司法大类的 $Z—G$ 偏离度绝对值较大且为负值，说明这三个专业大类在中职阶段的分布偏少；泛珠三角地区的轻工纺织大类的 $Z—G$ 偏离度较大，说明该专业大类在中职阶段的分布明显偏多，与长三角地区相似，能源动力与材料大类在中职阶段的分布偏少；中西部地区总体来看与全国 15 个城市的分布也比较接近。

每个城市略有差异，以环渤海地区的青岛市为例，青岛中高职贯通培养的专业基础薄弱，偏离度小于 0 的专业大类占比 47.37%，对于能源动力与材料、装备制造、交通运输、电子与信息、医药卫生等青岛市重点发展产业对应的专业大类，中职专业布点稍显不足，中职院校向高职学校生源输送乏力；而对于农林牧渔、轻工纺织等农业和轻工业相关的中职专业布局过多，接续的高职专业布局缺乏，专业结构不适应，高层次人才不足，不利于打造乡村振兴齐鲁样板和改造纺织服装等青岛传统优势产业。

四、高职"专业结构—产业结构"相关性分析

产业结构的演变是产业促进区域发展过程中的核心问题，也是影响职业教育专业结构调整的重要因素。作为职业教育体系的主体，高等职

业教育和区域产业结构具有相互影响的辩证关系,产业结构决定高等职业学校的专业结构;反之,高等职业教育专业调整等改革是产业结构升级和优化的助推力[①]。考虑到近年来中职升学比例较大,中职专业结构未能直接影响产业就业结构,本报告在 2021 年静态数据分析的基础上,以高职专业为对象,对 15 个副省级城市 2013—2021 年高职专业结构和产业结构的数据进行了动态分析,通过区域产业结构数据和高职专业结构数据的统计分析,验证两者之间的相关性,进一步分析职业教育"专业—产业"的适应性。

(一)研究假设

随着生产力水平的提高和高职教育规模的扩大,各专业的布点数都有所调整,各个专业大类的专业布点数比率也发生了相应的变化。本报告以区域内每个专业大类的专业布点数比率反映专业结构,以区域当年的第一、第二或第三产业的 GPD 比率表示产业结构,对专业结构和产业结构进行相关性分析。由于近十年专业目录有所调整,共有三个版本(2004 年、2015 年和 2021 年),本报告参照 2021 年专业目录的专业大类,综合考虑专业的三次产业分布,选择样本中占比相对较大的 10 个专业大类(农林牧渔大类、装备制造大类、土木建筑大类、交通运输大类、电子与信息大类、财经商贸大类、医药卫生大类、旅游大类、文化艺术大类、教育与体育大类)进行分析。

基于 10 个专业大类专业布点数比率与对应产业 GDP 比率的相关性,本报告分别按五个区域进行分析,提出如下研究假设:

(1)H_1:东三省地区高职专业大类的专业布点数比率与对应产业 GPD 比率存在相关性;

(2)H_2:环渤海地区高职专业大类的专业布点数比率与对应产业

① 张慧青. 基于产业结构演进的高职专业结构调整研究 [D]. 上海:华东师范大学,2017:137.

GPD 比率存在相关性；

（3）H₃：长三角地区高职专业大类的专业布点数比率与对应产业 GPD 比率存在相关性；

（4）H₄：泛珠三角地区高职专业大类的专业布点数比率与对应产业 GPD 比率存在相关性；

（5）H₅：中西部地区高职专业大类的专业布点数比率与对应产业 GPD 比率存在相关性。

（二）数据来源与处理

本报告的专业结构样本数据源自 15 个副省级城市 2013－2021 年的教育部专业备案数据。采用区域内相关城市的专业布点数加总计算布点数比率。产业结构样本数据源自 15 个城市的历年统计年鉴、2021 年统计公报等公开统计数据，采用区域内相关城市的 GDP 加总计算每个产业的 GDP 比率。由于不同城市对三产下面的具体产业分类存在差异，我们仅统计相应年份三产的总体 GDP 比率，不再细分三产下面的具体产业。

专业大类与产业并非形成一一对应关系，同一个专业大类里面的不同专业可能归属不同的产业。本报告结合相关专家评判，对每个专业对应的产业进行了归类梳理。总体来看，农林牧渔大类对应第一产业、第二产业和第三产业，以第一产业为主；装备制造大类和土木建筑大类对应第二产业和第三产业，以第二产业为主；交通运输大类、电子与信息大类、医药卫生大类对应第二产业和第三产业，以第三产业为主；财经商贸大类、旅游大类、文化艺术大类、教育与体育大类对应第三产业。本报告在分析每个大类专业布点数比率分别与第一、第二、第三产业 GDP 比率相关性的基础上，重点关注其与对应的产业 GDP 比率的相关性。

本报告首先通过散点图大致判断专业大类专业布点数比率与对应产业 GDP 比率之间的相关性，然后利用 Pearson 相关分析检验两者的相关性。

（三）研究结果

1. 东三省地区：交通运输等六大类"专业—产业"相关性显著，电子与信息等四大类"专业—产业"相关性不显著

从图 28 的散点图可见，电子与信息大类、旅游大类、文化艺术大类、教育与体育大类的专业布点数与对应产业 GDP 比率的相关性不明显，其他六个专业大类的专业布点数和对应产业 GDP 存在一定的相关性。

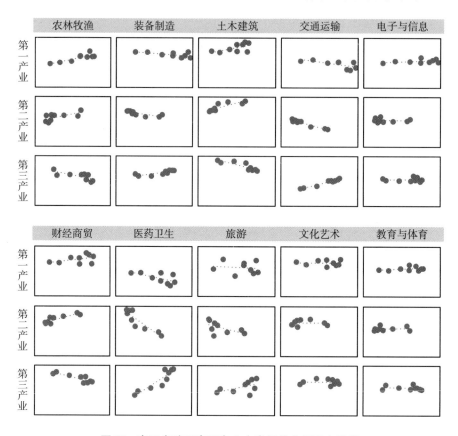

图 28　东三省地区高职专业大类相关分析散点示意

从表 14 的相关分析结果可见，农林牧渔大类的专业布点数比率和第一产业 GDP 比率、第二产业 GDP 比率、第三产业 GDP 比率都显著相关；

装备制造大类、土木建筑大类、交通运输大类、医药卫生大类的专业布
点数比率和第二产业 GDP 比率、第三产业 GDP 比率都显著相关；财经商
贸大类的专业布点数比率和第三产业 GDP 比率显著相关；另外四个专业
大类的专业布点数与对应产业 GDP 比率的相关性达不到显著性水平。

表 14 　　　　　　东三省地区"专业—产业"Pearson 相关分析结果

产业	农林牧渔 (3.18)	装备制造 (13.97)	土木建筑 (7.36)	交通运输 (10.34)	电子与信息 (12.23)
第一产业	0.852 **	− 0.589	0.601	− 0.667 *	0.385
第二产业	0.671 *	− 0.776 *	0.854 **	− 0.965 **	− 0.104
第三产业	− 0.731 *	0.793 *	− 0.867 **	0.978 **	0.046
产业	财经商贸 (12.97)	医药卫生 (9.34)	旅游 (4.67)	文化艺术 (5.96)	教育与体育 (6.41)
第一产业	0.433	− 0.622	− 0.136	− 0.025	0.323
第二产业	0.865 **	− 0.897 **	− 0.559	0.003	0.141
第三产业	− 0.856 **	0.909 **	0.534	0.000	− 0.173

备注：* $p < 0.05$，** $p < 0.01$；专业大类括号数字指 2021 年的专业布点数占比。

总体来看，东三省地区 10 个高职专业大类中，共有 6 个大类具有一
定的"专业结构—产业结构"相关性。其中，农林牧渔大类（对应第一
产业、第二产业时）、土木建筑大类（对应第二产业时）、交通运输大类
（对应第三产业时）和医药卫生大类（对应第三产业时）的"专业结
构—产业结构"正相关性都非常强（相关系数高于 0.8）；装备制造大类
（对应第三产业时）次之（相关系数高于 0.6）；财经商贸大类的"专业
结构—产业结构"没有达到预期的正相关性，反而呈现了极强的负相关
性（相关系数低于 − 0.8）；电子与信息大类、旅游大类、文化艺术大类、
教育与体育大类的"专业结构—产业结构"则不具有明显的相关性。

**2. 环渤海地区：农林牧渔等六大类"专业—产业"相关性显著，
财经商贸等四大类"专业—产业"相关性不显著**

对环渤海地区的相关分析可见，农林牧渔大类的专业布点数比率和
第一产业 GDP 比率、第二产业 GDP 比率、第三产业 GDP 比率都显著相

关；土木建筑大类、交通运输大类的专业布点数比率和第二产业 GDP 比率、第三产业 GDP 比率都显著相关；医药卫生大类、文化艺术大类、旅游大类的专业布点数比率和第三产业 GDP 比率显著相关；另外四个专业大类的专业布点数与对应产业 GDP 比率的相关性达不到显著性水平（见表15）。

表15　　　　　环渤海地区"专业—产业"Pearson 相关分析结果

产业	农林牧渔 (0.59)	装备制造 (12.81)	土木建筑 (7.66)	交通运输 (9.58)	电子与信息 (15.72)
第一产业	0.869 **	0.009	0.885 **	− 0.971 **	0.092
第二产业	0.902 **	0.382	0.759 *	− 0.900 **	0.296
第三产业	− 0.915 **	− 0.339	− 0.791 *	0.927 **	− 0.274

产业	财经商贸 (16.25)	医药卫生 (5.68)	旅游 (5.15)	文化艺术 (9.38)	教育与体育 (7.33)
第一产业	− 0.109	− 0.826 **	0.682 *	− 0.798 **	0.408
第二产业	− 0.547	− 0.641	0.764 *	− 0.76 *	0.368
第三产业	0.498	0.678 *	− 0.768 *	0.780 *	− 0.381

注：*** 代表在99% 的置信水平上显著，** 代表在95% 的置信水平上显著，* 代表在90% 的置信水平上显著。

总体来看，环渤海地区 10 个高职专业大类中，共有 6 个大类具有一定的"专业结构—产业结构"相关性，其中农林牧渔大类（对应第一产业、第二产业时）、交通运输大类（对应第三产业时）的"专业结构—产业结构"正相关性都非常强（相关系数高于0.8），土木建筑大类（对应第二产业时）、医药卫生大类（对应第三产业时）、文化艺术大类次之（相关系数高于0.6），旅游大类的"专业结构—产业结构"没有达到预期的正相关性，反而呈现了较强的负相关性（相关系数低于 − 0.6）；装备制造大类、电子与信息大类、财经商贸大类、教育与体育大类则不具有明显的相关性。

3. 长三角地区：电子与信息等八大类"专业—产业"相关性显著，农林牧渔、土木建筑两大类"专业—产业"相关性不显著

对长三角地区的相关分析可见，装备制造大类、交通运输大类、电

子与信息大类、医药卫生大类和第二产业 GDP 比率、第三产业 GDP 比率显著相关；财经商贸大类、旅游大类、文化艺术大类、教育与体育大类和第三产业 GDP 比率显著相关；农林牧渔大类、土木建筑大类与对应产业 GDP 比率的相关性达不到显著性水平。

总体来看，长三角地区 10 个高职专业大类中，共有 8 个大类具有一定的"专业结构—产业结构"相关性。其中，装备制造大类（对应第三产业时）、交通运输大类（对应第三产业时）、电子与信息大类（对应第二产业时）、医药卫生大类（对应第三产业时）的"专业结构—产业结构"正相关性非常强（相关系数高于 0.8）；文化艺术大类次之（相关系数高于 0.6）；财经商贸大类的"专业结构—产业结构"没有达到预期的正向相关性，反而呈现了极强的负相关性（相关系数低于 -0.8）；旅游大类、教育与体育大类也没有达到预期的正相关性，呈现了较强的负相关性（相关系数低于 -0.6），农林牧渔大类和土木建筑大类则不具有明显的相关性（见表 16）。

表 16 长三角地区"专业—产业"Pearson 相关分析结果

产业	农林牧渔 (1.33)	装备制造 (11.32)	土木建筑 (7.45)	交通运输 (8.78)	电子与信息 (13.16)
第一产业	-0.167	-0.693 *	0.665	-0.925 **	0.817 **
第二产业	-0.210	-0.832 **	0.589	-0.929 **	0.888 **
第三产业	0.207	0.823 **	-0.598	0.932 **	-0.885 **

产业	财经商贸 (18.01)	医药卫生 (5.72)	旅游 (5.77)	文化艺术 (11.49)	教育与体育 (4.73)
第一产业	0.851 **	-0.950 **	0.650	-0.708 *	0.717 *
第二产业	0.879 **	-0.934 **	0.805 **	-0.691 *	0.68 *
第三产业	-0.88 **	0.939 **	-0.794 *	0.695 *	-0.686 *

注：*** 代表在 99% 的置信水平上显著，** 代表在 95% 的置信水平上显著，* 代表在 90% 的置信水平上显著。

4. 泛珠三角地区：装备制造等六大类"专业—产业"相关性显著，土木建筑等四大类"专业—产业"相关性不显著

对泛珠三角地区的相关分析可见，装备制造大类、医药卫生大类的

专业布点数和第二产业 GDP 比率、第三产业 GDP 比率显著相关；财经商贸大类、旅游大类、文化艺术大类、教育与体育大类的专业布点数与第三产业 GDP 比率显著相关；农林牧渔大类、土木建筑大类、交通运输大类、电子与信息大类与对应产业 GDP 比率的相关性达不到显著性水平。

总体来看，泛珠三角地区 10 个高职专业大类中，共有 6 个大类具有一定的"专业结构—产业结构"相关性。其中，装备制造大类（对应第三产业时）、医药卫生大类（对应第三产业时）、旅游大类、文化艺术大类的"专业结构—产业结构"正相关性非常强（相关系数高于 0.8）；财经商贸大类的"专业结构—产业结构"没有达到预期的正向相关性，反而呈现了极强的负相关性（相关系数低于 -0.8）；教育与体育大类也没有达到预期的正相关性，呈现了较强的负相关性（相关系数低于 -0.6）；农林牧渔大类、土木建筑大类、交通运输大类、电子与信息大类则不具有明显的相关性（见表 17）。

表 17　　泛珠三角地区"专业—产业"Pearson 相关分析结果

产业	农林牧渔 (1.6)	装备制造 (10.19)	土木建筑 (7.45)	交通运输 (5.66)	电子与信息 (16.08)
第一产业	0.477	-0.895 **	-0.199	-0.486	0.559
第二产业	0.343	-0.813 **	0.178	-0.423	0.192
第三产业	-0.346	0.817 **	-0.172	0.425	-0.199
产业	财经商贸 (16.67)	医药卫生 (6.12)	旅游 (4.56)	文化艺术 (11.2)	教育与体育 (8.04)
第一产业	0.703 *	-0.689 *	-0.453	-0.791 *	0.739 *
第二产业	0.946 **	-0.954 **	-0.852 **	-0.959 **	0.774 *
第三产业	-0.944 **	0.952 **	0.848 **	0.959 **	-0.776 *

注：*** 代表在 99% 的置信水平上显著，** 代表在 95% 的置信水平上显著，* 代表在 90% 的置信水平上显著。

5. 中西部地区：交通运输等四大类"专业—产业"相关性显著，电子与信息等六大类"专业—产业"相关性不显著

对中西部地区的相关分析可见，装备制造大类、交通运输大类和第

二产业 GDP 比率、第三产业 GDP 比率显著相关；医药卫生大类专业布点数与第二产业 GDP 比率显著相关；财经商贸大类的专业布点数与第三产业 GDP 比率显著相关；农林牧渔大类、土木建筑大类、电子与信息大类、旅游大类、文化艺术大类、教育与体育大类与对应产业 GDP 比率的相关性达不到显著性水平（见表 18）。

表 18　　　　中西部地区"专业—产业"Pearson 相关分析结果

产业	农林牧渔 （1.36）	装备制造 （11.19）	土木建筑 （8.43）	交通运输 （9.98）	电子与信息 （15.55）
第一产业	− 0.460	− 0.686 *	0.623	− 0.920 **	0.098
第二产业	− 0.314	− 0.709 *	0.632	− 0.936 **	0.023
第三产业	0.475	0.734 *	− 0.512	0.976 **	− 0.173
产业	财经商贸 （16.44）	医药卫生 （3.66）	旅游 （5.06）	文化艺术 （9.11）	教育与体育 （7.14）
第一产业	0.791 *	− 0.631	0.222	− 0.390	− 0.627
第二产业	0.834 **	− 0.673 *	0.322	− 0.220	− 0.662
第三产业	− 0.765 *	0.544	− 0.309	0.341	0.542

　　注：*** 代表在 99% 的置信水平上显著，** 代表在 95% 的置信水平上显著，* 代表在 90% 的置信水平上显著。

由此可见，泛珠三角地区 10 个高职专业大类中，共有 4 个大类具有一定的"专业结构—产业结构"相关性。其中，交通运输大类（对应第三产业时）的"专业结构—产业结构"正相关性非常强（相关系数高于 0.8）；装备制造大类（对应第三产业时）次之（相关系数高于 0.6）；医药卫生大类（对应第二产业时）和财经商贸大类的"专业结构—产业结构"没有达到预期的正向相关性，反而呈现了比较强的负相关性；其他 6 个大类则不具有明显的相关性。

6. 总体：交通运输和医药卫生两大类"专业—产业"适应性高，农林牧渔、土木建筑和文化艺术等三大类适中，其他五大类欠佳

从理论上说，专业结构与产业结构紧密相关，如果用专业布点数比率与对应产业 GDP 比率作为反映指标，则意味着相应产业的 GDP 比率增

加，专业布点数比率也随之增加；反之，相应产业的 GDP 比率减少，专业布点数比率也随之减少，两者具有相同的变化趋势，呈现正相关性。通过对五个区域 10 个高职专业大类的专业布点数比率与对应产业 GDP 比率的相关性分析，本报告发现，不同专业大类的高职"专业结构—产业结构"的相关性存在较大差异，总体相关分析结果如表 19 所示。

表 19 总体"专业—产业"Pearson 相关分析结果

产业	农林牧渔	装备制造	土木建筑	交通运输	电子与信息
第一产业	2 正	/	/	/	/
第二产业	2 正	4 负	2 正	4 负	1 正
第三产业	2 负	4 正	2 负	4 正	1 负

产业	财经商贸	医药卫生	旅游	文化艺术	教育与体育
第一产业	/	/	/	/	/
第二产业	/	4 负	/	/	/
第三产业	4 负	4 正	1 正 2 负	3 正	2 负

综合来看，五个区域都存在部分专业大类"专业结构—产业结构"相关性较强、部分专业大类"专业结构—产业结构"相关性不显著的情况。相关性也并非都是预期中的正相关性，还存在一些负相关性。根据相关性情况，10 个专业大类可以分为三种类型。

第一类："专业结构—产业结构"适应性较好，包括交通运输大类和医药卫生大类。这两个大类都包括对应第二产业和第三产业的专业，且以第三产业专业为主。就交通运输大类而言，除了泛珠三角地区，5 个区域中有 4 个区域的交通运输大类专业结构与第三产业占比的正相关性都比较强，与第二产业占比的负相关性都比较强。就医药卫生大类而言，除了中西部地区，5 个区域中有 4 个区域的医药卫生大类专业结构与第三产业占比的正相关性都比较强；除了环渤海地区，5 个区域中有 4 个区域的医药卫生大类专业结构与第二产业占比的负相关性都比较强。相关性分析结果说明这两个大类的专业结构变化更加贴合第三产业发展趋势，具有较强的产业适应性。

第二类："专业结构—产业结构"适应性居中，包括农林牧渔大类、土木建筑大类和文化艺术大类 3 个大类。5 个区域中有 2 个区域的农林牧渔大类专业结构与第一产业、第二产业占比的正相关性比较强，5 个区域中有 2 个区域的土木建筑大类专业结构与第二产业占比的正相关性比较强，5 个区域中有 3 个区域的文化艺术大类专业结构与第三产业占比的正相关性比较强。相关性分析结果说明这 3 个专业大类在部分区域的专业结构变化贴合对应产业发展趋势，具有中等程度的产业适应性。

第三类："专业结构—产业结构"适应性欠佳，包括装备制造大类、财经商贸大类、旅游大类、教育与体育大类、电子与信息大类 5 个大类。装备制造大类的专业以第二产业专业为主，然而 5 个区域中有 4 个区域的装备制造大类都与第二产业占比具有比较强的负相关性，而与第三产业占比具有比较强的正相关性，说明装备制造大类的专业结构变化背离了第二产业发展趋势，产业适应性欠佳。除了环渤海地区不具有一定的"专业结构—产业结构"相关性，其他 4 个区域的财经商贸大类都呈现比较强的负相关性；除了泛珠三角地区具有一定的"专业结构—产业结构"相关性，环渤海地区和长三角地区的旅游大类呈现比较强的负相关性；长三角地区和泛珠三角地区的教育与体育大类"专业结构—产业结构"呈现比较强的负相关性；这 3 个大类的专业对应的产业都是第三产业，但专业结构变化背离了第三产业发展趋势，说明产业适应性欠佳。就电子与信息大类而言，除了长三角地区，其他 4 个区域的电子与信息大类的"专业结构—产业结构"相关性不显著。电子与信息大类包括对应第二产业和第三产业的专业，以第三产业为主，然而长三角地区电子与信息大类专业结构与第三产业占比的负相关性非常强，专业结构变化背离了第三产业发展趋势，产业适应性欠佳。

新中国成立以来我国产业结构不断优化调整，沿着"一二三、二一三、二三一、三二一"规律不断演进①。2012 年，我国经济形势呈现"新常态"特征，产业结构进一步优化升级，第三产业的急速发展，尤其

---

① 种国双，段珺，高振，李宇航. 中国三大产业结构演进规律与发展趋势研究［J］. 科学管理研究，2020，38（2）：84 - 90.

在互联网等高新技术产业的带动下，第三产业对国民经济的影响力逐步扩大。随着产业结构的技术含量、技术层次的不断提高，产业结构的演变呈现知识化、外向化、生态化、整合化的规律①。产业结构的动态调整导致人才需求的变化。为了更好地服务区域产业发展，为当地提供有效的人才支撑，职业学校的专业设置必然需要做出相应调整，实现专业结构和产业结构的双螺旋上升。本报告发现，行业性较强的交通运输大类、医药卫生大类的专业结构与产业结构的关系更紧密，农林牧渔大类、土木建筑大类和文化艺术大类次之，然而也有部分专业大类的专业结构与产业结构的发展并不一致，特别是占据较大专业布点比率的电子信息大类与对应的产业 GDP 之间的相关性不显著，财经商贸大类、旅游大类、教育与体育大类等第三产业专业的专业结构动态甚至与产业结构动态相背离，说明这些大类的专业布点设置脱离市场。这可能与很多职业学校在早期就已经大量设置了会计、旅游、计算机应用技术等热门、低成本专业，而没有考虑当时的产业结构，导致这些专业的占比已经非常大。随着产业的不断升级，第三产业的占比越来越高，这些专业的布点数比率没有继续增加而是减少，说明了这些专业的供给大于产业需求，需要进行相应的调整和优化，应引起相关院校和政府部门的重视。装备制造大类的专业结构动态背离了第二产业发展趋势，而与第三产业发展趋势结合更紧密，说明这个大类的专业布点设置背离市场，这也可能与这类专业办学成本高，长期以来占比不高有关系。装备制造大类的专业布点数比率具有不断增长的趋势，说明了相关专业的产业需求大于供给，也应引起相关院校和政府部门的重视。

五、对策建议

职业教育的作用，既是"就业"，又是"兴业"，一体两面，密不可

---

① 高艳丽. 东北老工业基地产业结构演变城市化响应的空间变化趋势研究 [D]. 长春：东北师范大学，2005.

分。专业设置作为破解人才培养供给侧和产业需求侧"两张皮"的关键枢纽，是推动产教供需双方在数量、层次、规格、布局、周期等维度精准对接的先决条件，既是职业教育改革发展的核心问题，也是促进区域产业发展的核心问题。职业学校的专业结构与区域产业结构关系密切，两者既相互制约又相互促进，供需矛盾始终存在。在产业结构不断调整、技术创新要求不断提高的经济社会大背景下，职业学校的专业设置也需要主动做出相应的调整，提高人才供给与区域产业需求的匹配度，促进创新研发，助推区域发展和城市转型。

（一）政府统筹，优化职业教育专业布局的顶层设计

新中国成立以来，从计划经济下的管制模式到市场经济初期的管理模式，再到市场起决定作用的治理模式，为适应社会主义现代化建设与社会主义市场经济发展的需要，先后进行了 7 次行政制度改革，改革逐步深化。近年来，新的经济发展要求进一步深化"放管服"改革，简政放权、放管结合、优化服务，转变政府职能，构建现代化治理体系，服务于经济社会发展大局。在这样的背景下，教育领域"放管服"改革，特别是对于职业教育专业设置的管理，也由借鉴苏联模式、行使行政指令阶段，过渡到健全现代职业教育治理体系，统筹规划人力资源市场调控机制的阶段。

2022 年 5 月起施行的《中华人民共和国职业教育法》，立足新发展阶段，全面贯彻新发展理念，加快服务构建新发展格局，明确指出"国家根据产业布局和行业发展需要，采取措施，大力发展先进制造等产业需要的新兴专业，支持高水平职业学校、专业建设"，"各级人民政府应当将发展职业教育纳入国民经济和社会发展规划，与促进就业创业和推动发展方式转变、产业结构调整、技术优化升级等整体部署、统筹实施"。

因此，建议副省级城市人民政府应当进一步发挥社会主义行政体制机制优势，在统筹本区域经济社会发展的同时，根据区域产业发展特点和教育发展水平，对职业教育专业布局进行顶层设计规划。要明确本区

域专业布局的引导性方向和限制性方向，避免大量低水平专业的低效人才培养供给。通过地方政府的监管和协调，既非听从单一的行政指令，避免了"一管就死"的缺陷；也非一味地交给市场自发调节，克服了"一放就乱"的弊端。这一转变，从职业教育专业目录近十年来的变迁过程中清晰可见。我们通过研究梳理发现，教育部2021年印发的《职业教育专业目录（2021年）》，相较于2010年版中职专业目录和2015版高职专科专业目录，总体调整幅度超过60%，特别是在国家控制专业方面，也有较大的改变：首先，是中等职业教育不再设置国家控制专业，撤销原"农村医学""学前教育"等专业；其次，是高等职业教育（专科）撤销部分国家控制专业，如"历史教育""警察管理""边境管理""森林消防"等专业；再次，是目前高职本科暂未设置国控专业。这一系列调整，减少国家控制专业数量，有利于鼓励职业学校灵活自主设置专业。教育部职业教育与成人教育司负责人在《职业教育专业目录（2021年）》答记者问中表示，中等职业学校可按规定备案开设《目录》外专业，高等职业学校依照相关规定要求自主设置和调整高职专业，自主论证设置专业方向。宁波市、青岛市等副省级城市的"十四五"规划，也不同程度地发挥了统筹专业与产业对接的作用：青岛市提出"做优做强海洋教育"，引导相关专业布局和建设；宁波市明确"支持高校设立数字经济、人工智能等前沿专业，构建产教训融合、政企社协同、育选用贯通的高技能人才培育体系"。

（二）行业指导，支持行业企业加大专业设置的决策权

职业教育是面向所有行业领域的教育，没有各行业的深度参与就办不好职业教育。职业教育具有跨界属性，为强化职业教育类型特色，提高职业教育的适应性，建议副省级城市的教育行政部门应创设开放的政策环境，鼓励支持行业企业和其他社会力量参与办学，形成职业教育多元办学格局。通过研究发现，目前职业学校所了解的行业需求，很多只是大概的情况，还不够精准精细，没有具体明确的数据。因此，要充分

发挥行业企业传导产业需求的作用，做好人才需求分析与预测，每年发布行业人才需求预测和专业设置指导报告，组织开发专业对接产业谱系图，提升职业教育专业设置和人才培养与行业对接的适应性与精确性。

职业学校的专业设置涉及政府、行业、企业和学校等多方利益相关者的诉求，需要搭建多方共同参与的沟通平台，优化专业布局的顶层设计①。理顺政府、行业、企业与学校在职业教育专业布局中的角色定位是影响高职学校专业调整成败的关键。行业、企业要行使参与权，积极参与专业建设和评估。充分把握数字化改革发展契机，多方共建职教研究和服务机构，通过现代化的技术服务平台，实现职业教育的智能化管理，促进公共数据开放共享，提高决策的精准化、科学化水平。目前，全国各省级教育行政部门，都已经编制了本区域的"十四五"专业布局结构优化调整方案。建议副省级城市也要率先发挥在区域内的辐射带动作用，由市级教育行政部门牵头，联合工信、卫健、农业、工商联等行业主管部门，将各行业的"十四五"规划分解为职业教育需要的一些指南，包括人才、规格、层次等，联合编制市级职业教育专业发展规划，通过行业规划来调整优化职业教育专业结构。

本报告发现，职业教育专业设置同质化明显，存在部分热门专业重复设置、盲目设置的情况，计算机类、电子类、财经类专业设置比较多，这些专业主要对应第三产业和第二产业。职业学校应主动对接政府和行业企业，结合区域产业结构分析和发展趋势研判，加强职业学校专业设置的科学论证，优化教学工作诊断与改进机制，不断完善内部质量保证制度体系和运行机制。一方面，职业学校需要结合自身办学优势，集中办学资源打造特色专业。另一方面，职业学校可依托相关行业或者具体岗位的共同技术，通过专业群建设，发挥龙头专业的带动作用，扩大学生的知识技能覆盖面，提高人才培养的产业适应性。

以浙江工商职业技术学院为例，学校紧密对接县域优势产业，依托

---

① 孟仁振，张耀军，霍利婷. 三螺旋理论视域下高职专业设置与区域制造业发展适应性研究——以上海市为例［J］. 中国职业技术教育，2022（7）：47–52，75.

政校企（协）办学主体多元共生，建立了慈溪和宁海两大现代产业学院，形成了与县域产业高度融合的办学模式。学校从专业结构、人才培养模式、课程内容、师资队伍、产学研服务平台和管理体制机制建设等六个方面进行多元共生的产教融合探索与实践。通过对接县域产业集群优化专业结构，多元共生调整专业结构；通过与当地龙头企业开展"引厂入校""入园办学"，多元共生重塑人才培养模式；通过校企共同开发基于工作过程的课程体系，多元共生重构课程体系；通过学院导师与企业工匠共育，多元共生优化师资结构；通过打造"国家、省、市、校"四级科研平台，多元共生打造产学研服务平台；通过与宁海县建立县校合作会商委员会，与慈溪市成立慈溪学院理事会，多元共生健全管理体制机制。该模式提高了人才培养的企业适配度和产业适应性。

（三）专产对接，建立职业教育专业调整的动态机制

能否培养适应区域社会产业需求的技术技能人才，能否促进区域社会核心产业升级迭代，是衡量职业教育优劣的重要准绳①。职业教育专业调整需要坚持存量结构调整为主、增量结构调整为辅的原则，紧密对接产业变化趋势，聚焦区域主导产业和战略新兴产业，与相关龙头企业建立常态化的合作机制，建立专业调整动态机制，提高专业设置的灵活性。存量结构调整就是通过现有专业教育资源的整合、变革，实现专业结构的优化配置。增量结构调整是在不改变现有专业教育资源的基础上，通过新增专业，实现优化专业结构的目的。针对调查中发现的部分传统专业重复设置的问题，专业调整的目的一方面是通过改造、合并和淘汰等方式，减少专业的重复建设，促进传统专业的升级；另一方面是结合新兴产业发展需要，增加新兴专业。

《关于推动现代职业教育高质量发展的意见》明确提出优化职业教育

---

① 任占营. 新时代职业教育高质量发展路径探析［J］. 中国职业技术教育，2022（10）：5－11.

供给结构的要求，"围绕国家重大战略，紧密对接产业升级和技术变革趋势，优先发展先进制造、新能源、新材料、现代农业、现代信息技术、生物技术、人工智能等产业需要的一批新兴专业，加快建设学前、护理、康养、家政等一批人才紧缺的专业，改造升级钢铁冶金、化工医药、建筑工程、轻纺制造等一批传统专业，撤并淘汰供给过剩、就业率低、职业岗位消失的专业，鼓励学校开设更多紧缺的、符合市场需求的专业，形成紧密对接产业链、创新链的专业体系"。

建议副省级城市人民政府统筹教育行政部门及相关行业主管部门，借助数字技术发展优势，将专业动态调整机制落实为具体的应用平台，开发本区域内"产业需求与专业设置动态匹配调整"管理平台。利用大数据获取、人工智能分析和挖掘等关键技术，以业务应用为核心、数据要素为基础，整合相关统计数据、行业统计数据、大型招聘平台数据、区域教育与就业数据等数据资源，贯通产业分类、职业分类、专业分类、岗位分类、岗位能力要求、专业培养规格等产教融合重点环节，构建"平台应用＋数据驱动＋资源整合"的开放共享融合系统，增强职业教育专业快速响应产业需求能力。

本报告发现，第三产业的专业—产业偏离度较小，对应第一产业和第二产业的专业布点过少，而第三产业的专业布点过多。相关性分析发现，装备制造大类、财经商贸大类、旅游大类、教育与体育大类、电子与信息大类5个大类的"专业结构—产业结构"适应性欠佳。由于职业教育存在一定的滞后性，区域产业结构在动态变化，一些财经商贸类、电子信息类传统专业可能与当时的产业结构匹配度比较高，但是随着产业升级对人才需求的变化，这些专业明显供大于求，必须进行升级改造。因此，职业专业结构设置不仅要考虑现有的区域产业结构，还要关注区域未来产业结构。与高职学校相比，目前中职学校主要由所在城市的地方政府管理，地方政府可通过政策激励，统筹当地职业教育资源，提高中职学校的专业—产业匹配度。相关职业学校尤其是高职学校，应设置一个专门机构负责专业调整工作，加强专业与区域产业动态跟进机制的研究，搭建智能化信息管理平台，充分利用数字化手段，建立一套自主适应机制和专业预警机制，对专业实施预期诊断和预后诊断。

以成都航空职业技术学院为例，学校紧密跟踪航空装备型号预研，与成飞集团超前设置航空复合材料成型与加工技术、航空装备表面处理技术等专业。紧贴军民航空产业发展打造航空专业集群，构建了以飞行器制造技术、空中乘务、飞机机电设备维修核心专业为引领的三大航空专业群，打造对接"航空制造—航空运营—航空维修"产业技术链需要的特色航空专业集群，学校50%以上专业直接服务航空产业链，实现专业结构与航空产业结构的有效对接。

（四）中高职衔接，推进职业教育专业设置的纵向贯通

新修订的《中华人民共和国职业教育法》明确提出要推动不同层次职业教育有效贯通；2021 年全国职业教育大会也明确，新一阶段职业教育的总体目标是"加快建设高质量现代职业教育体系"。加强中职教育与高职教育的衔接，尤其是专业设置的贯通是切实增强职业教育适应性，加快构建现代职业教育体系，建设技能型社会的必然要求。《关于推动现代职业教育高质量发展的意见》明确提出要推进不同层次职业教育纵向贯通，建设一批优秀中等职业学校和优质专业，注重为高等职业教育输送具有扎实技术技能基础和合格文化基础的生源。建立层次分明的现代职业教育体系需要强化中职教育的基础性作用，巩固高职专科教育的主体地位，发挥职业本科教育的引领作用[①]。

本报告发现，目前本科职业学校极少，职业教育专业主要是高职专科专业和中职专业。除了电子与信息大类、新闻传播大类、公共管理与服务大类这 3 个大类，剩余 16 个专业大类的中职—高职专业结构偏离度绝对值都较大，能源动力与材料大类、水利大类和公安与司法大类均缺乏中职专业基础，旅游大类在中职阶段的分布明显过多。随着中职学生

---

① 任占营. 新时代职业教育高质量发展路径探析［J］. 中国职业技术教育，2022（10）：5–11.

升学意愿的不断增强，相关地方政府部门和中职、高职学校应加强沟通，顺应职业教育层次结构重心上移的趋势，在专业设置、人才培养模式、招生政策等方面强化中高职衔接，促进中高职一体化、长学制发展，推进不同层次职业教育的纵向贯通。职业本科学校要强化依据区域经济发展需求的专业设置论证过程，突出职业教育类型特色，凸显学校办学特色。完善职业本科教育专业人才培养方案、专业教学标准、实习实训标准等系列标准体系，进一步指导职业本科学校加强内涵建设，提升人才培养质量。

以哈尔滨职业技术学院为例，学校秉承"产教融合、多元共享、组合创新"办学理念，全力助推县域经济发展，构建职业教育贯通立交桥，驱动中高职一体化发展，在构建现代职业教育体系中发挥积极作用。学校结合县域经济发展布局，围绕支柱产业、优势产业和社会发展人才紧缺行业，开展先进制造业、战略性新兴产业、现代服务业及循环农业、智慧农业等新产业和人工智能、云计算、大数据等新职业新技能培训，对接产业链形成专业链，形成适应区域产业结构布局和产业转型升级需要、中高职教育无缝衔接的职业教育格局。

（五）技术赋能，促进创新研发与城市转型发展

从国际上来看，为应对全球新一轮科技革命与产业变革，欧美等世界主要发达国家纷纷将智能化、数字化赋能，作为各国数字化转型配套人才计划的共同关注点。例如，德国发布工业4.0计划，核心是"智能+网络化"。联邦教研部和联邦职教所2016年联合启动实施"职业教育4.0"倡议，设立专项资助计划来服务支持智能化时代教育改革创新。其中，职业教育中的数字化媒体应用资助计划投入1.52亿欧元；职业教育与继续教育"新入职者+"资助计划投入了1340万欧元。2022年，德国教研部为应对专业人才短缺，实施大规模的"MINT行动计划2.0"，将投入4500万欧元。美国联邦政府为应对"技能短缺"问题、适应工作性质的变革，聚焦以人工智能、数字制造、3D打印等新兴技术为代表的先

进制造业，提出"教育、培训和匹配制造业劳动力"的发展战略。2021年宣布总额约2.25万亿美元的"美国就业计划"，成立"数字制造与设计"创新研究所，开发了《美国智能制造数字化人才技能标准体系》，为智能制造数字化人才培养提供了基础。

党的十八大以来，我国职业教育紧盯行业变革、对标产业变量，加快推进专业升级与数字化改造，职业教育专业建设实现"量质齐升"。新修订的《中华人民共和国职业教育法》明确指出"职业教育是与普通教育具有同等重要地位的教育类型，是国民教育体系和人力资源开发的重要组成部分，是培养多样化人才、传承技术技能、促进就业创业的重要途径"。职业教育"专业—产业"适应性涉及多个层面，本报告主要从专业结构层面对职业教育的"专业—产业"适应性进行量化分析。符合区域产业发展需求的专业结构能为产业结构升级、技术革新、区域产业发展不断注入新鲜血液和活力[①]。

技术引进和技术模仿，加上低成本的优势，使我国产业在短期内得到较快发展，但是未能形成产业竞争优势[②]。在新经济、新产业背景下，除了优化人才培养供给，构建校企协同育人新生态外，迫切需要政府和相关企事业单位优化体制机制，深化产教融合，促进自主创新研发，推动科研成果转化和产业结构升级与转型。职业学校应对接区域产业和城市发展需要，加强专业建设和双师型队伍建设，深化产教融合、校企合作，凸显职业教育的类型特色，释放职业教育助力产业转型和城市发展的潜力。职业学校应以解决实际问题为目的，加大技术技能创新平台投入，促进产业技术创新研发，尤其是服务所在城市中小微企业技术转型升级，促进教育链、人才链与产业链、创新链有机衔接，更好地发挥副省级城市对区域的辐射作用，促进区域新旧动能转化。

本次研究的副省级城市，大多是先进制造业较为发达的地区。制造业是国家经济命脉所系，是综合国力竞争的主战场，也是资本、人才、

① 徐莉亚. 职业教育专业设置与产业结构适应性分析 [J]. 教育与职业，2016（3）：5-8.
② 种国双，段珺，高振，李宇航. 中国三大产业结构演进规律与发展趋势研究 [J]. 科学管理研究，2020，38（2）：84-90

技术、数据等资源要素高度集聚的产业领域。我国现已建立独立完整的工业体系，制造业规模连续多年保持世界第一。但随着全球产业链、供应链深度调整，制造业发展的外部环境更加复杂，制造业增加值占GDP比重过早过快下降，亟须依托职业教育专业建设和校企合作，加快先进制造业现场工程师等高素质技术技能人才培养，加速制造业的转型升级发展。近期，教育部会同工信部、国资委、全国工商联、中国工程院等联合实施职业教育现场工程师专项培养计划，率先从先进制造业领域做起，逐步向新型基础设施建设、"双碳""一老一小"服务等领域拓展，以深入探索中国特色学徒制为基本培养模式，通过完善相关制度和标准、激励企业参与、优化选拔机制、充分发挥政产学研用各方优势，构建先进制造业系统储能、赋能的人才培养生态。建议副省级城市要发挥制造业基础好、转型快的优势，深化相关领域工程教育，调动企业参与积极性，落实好企业责任，协调企业提供一定比例学徒岗位，指导职业学校对接企业需求、界定培养规格、设计课程体系、开发专业核心课程和实践课程，制定课程标准和质量监控标准，积极探索中国特色学徒制，为区域先进制造业发展提供有力的人才和技术支撑。

以深圳职业技术学院为例，学校精准对接深圳科技、产业创新发展需求，与龙头企业、领军企业、科研机构等联合举办特色产业学院，为粤港澳大湾区和深圳国际科技、产业创新中心建设培育"大国工匠"。依托共建特色产业学院，探索多元化办学体制，整合优质社会资源，共建瞄准世界产业发展前沿和与重点产业相匹配的专业，校企共同开发专业标准、共同打造高水平双师型团队、共同解决"卡脖子"技术和工艺、共同制定行业标准、开发证书、共同开展创新创业、共同开展协同治理、共同"走出去"。

第二部分

职业教育"专业—产业"
适应性理论框架

一、文献回顾

（一）职业教育适应性研究回顾

提升职业教育适应性是职业教育改革发展的重要指向，也是职业教育经济性和教育性的彰显。纵观现有研究，研究者和政策制定者首要探究的是职业教育适应性的内涵，从不同视角出发探讨"什么是职业教育适应性"这一问题。陈子季指出，职业教育适应性应紧扣"类型特色、多元办学、融合发展、开放水平"这四个关键词。潘海生、林晓雯（2021）从职业教育的根本属性出发，提出职业教育适应性的根本含义是适应人的全面发展，职业教育适应性的基本旨归是适应产业的更迭发展。郝涵（2021）从生态学视角出发，认为职业教育适应性实质上是职业教育的协调度，主要包括职业教育层次结构、专业结构、布局结构与产业结构升级的适应性这三个方面的内容。张理（2022）立足新发展阶段，着眼高质量发展，提出职业教育适应性的内涵在于服务现代产业发展、深化职业教育供给侧结构性改革及促进人的全面而自由发展。胡国友（2022）从时代背景出发，提出高质量发展背景下职业教育的适应性包括内部适应性和外部适应性这两个方面，其中内部适应性包括办学定位、办学能力和办学模式的适应，外部适应性包括与国家重大战略需求、区域产业发展需求及人的全面发展之间的适应。王坤（2022）着眼职业教育内部要素，认为职业教育适应性体现在四个方面：职业教育的教育结构适应类型教育特征；人才培养结构适应经济社会发展；专业结构适应人力资源需求；评价方式适应学生特点。

其次，职业教育适应性面临的现实挑战也是研究者关注的重点。有研究者聚焦职业教育专业适应性的现实困境，认为当前职业教育专业建设存在"外环境"与"内环境"之间的不适应，职业教育服务于现代产业体系建设、产业基础高级化和产业链现代化能力不强；专业"实然状态"和"应然状态"不适应，专业设置与区域产业布局不匹配、产教融合不深入；专业"层次化"与"类型化"发展不适应，中—高一本衔接不畅等问题。还有部分研究者以特定区域或城市为例分析了区域职业教育适应性提升存在的困境，如赵晶晶等（2022）以粤港澳大湾区为样本考察了职业教育适应性问题，指出存在办学规模与城市群产业发展需求不协调、职业教育资源分布不均衡、专业设置与市场需求脱节等问题。徐兰等（2021）聚焦广东高职专业建设与产业发展的适应性，指出存在专业布局供给侧与区域产业结构需求侧缺乏有效协同、专业建设与产业人才市场缺乏深度融合、专业内涵发展滞后于产业业态升级。

最后，在提升职业教育适应性的研究方面，安培（2022）提出可提供树立服务国家重大发展战略需求、适配新发展阶段经济社会、与学生个性发展和生涯发展适配的办学理念，深化产教融合、校企合作，提升职业教育办学全要素适应性，将"办学适应性"纳入评价指标体系，构建多元主体参与的适应性评价机制等路径，从办学思想、办学模式、办学评价三方面提出增强职业教育适应性。也有研究者认为，可从宏观层面上通过凸显类型教育特色、加强政策供给、构建现代职业教育体系强化职业教育引领超越能力，从中观层面上推进职业教育治理体系和治理能力现代化、深化产教融合校企合作、建立动态评价机制来增强职业教育核心适应能力，在微观层面上加大质量工程实施力度、构建"学习者为中心"的教学生态系统提供全面适应支撑。王坤（2022）认为提升职业教育适应性可从四个方面进行发力：优化职业教育类型定位，强化类型特色；构建高质量、多层次、可贯通的全民终身职业教育体系；建立完善职教高考制度和本科层次职业学校学位授予制度；创新产教融合、校企合作的办学模式。张理（2022）则提出了以强化职业教育类型特色为基点，激活多元办学关键内核，深化多维融合办学，提升开放水平的职业教育适应性提升路线。

而从国外研究来看，增强职业教育的适应性始终是国外职业教育政策、理论与实践的价值取向。欧洲职业技术培训与发展中心（European Centre for the Development of Vocational Training，Cedefop）认为，职业教育适应性包括两个方面：一是适应科技和劳动力市场的变化，从办学层次、类型方面满足劳动力市场的需求；二是适应人口的快速变化，满足不同年龄、群体和生涯发展阶段学习者的需求。"加强生涯技术教育与劳动力市场之间的联系"，让每一位毕业生为职业生涯发展做好准备始终是美国各州生涯技术教育的主旋律和优先事项，并且反映在各项政策和行动方案中。美国当前开发的生涯路径项目（Career Pathway Program）非常重视劳动力市场信息，强调在确定劳动力市场紧缺岗位和技能需求的基础上开发多样化的生涯技术教育课程，使生涯技术教育课程既能适应学习者的多元需求，也能适应劳动力市场中高需求产业的技能需求。英国21世纪以来发布的职业教育与培训政策也始终强调要构建服务全民终身学习、行业企业需求驱动的技能人才培养体系。

（二）职业教育与区域发展的相关研究回顾

职业教育兼具教育性和经济性双重属性，并且具有显著的区域特征，因此成为与区域发展关系最为密切的教育类型，两者之间相互作用、相互影响。对于职业教育与区域发展之间的相关性，研究者进行了诸多方面的探讨，大致可以分为区域发展对职业教育的作用与影响研究、职业教育对区域发展的作用与影响研究及职业教育与区域发展的互动研究。

首先，在区域发展对职业教育的作用影响方面，已有研究普遍认同区域经济社会发展为职业教育的发展提供了物质基础，同时区域内的产业结构和转型升级产生的特定人才需求，也塑造并决定了区域内职业教育的规模、结构、人才培养方式等发展方向。白汉刚（2007）在研究中指出，区域经济社会发展是职业教育存在和发展的物质前提，决定着职业教育的发展规模、水平，区域经济增长和结构的优化升级则决定了对职业教育培养规模、专业结构与培养质量的需求；区域经济体制决定了职业教育运行的体制机制，区域经济社会环境影响着职业教育功能发挥。林克松、朱德全（2013）指出职业教育均衡发展和区域经济协调发展之间存在高度耦合和互相依赖性，区域经济的协调发展从资源配置、入学机会、布局结构三方面驱动职业教育均衡发展。还有研究者指出，区域产业结构和布局是职业教育专业设置的前提，区域产业结构转型升级为职业教育优化专业结构确定了方向。谢勇旗（2011）指出，区域经济驱动职业教育产生与发展，区域经济通过资金投入、成本补偿等为职业教育发展提供了保障，并通过生产部门的参与和指导为职业教育的专业设置、课程开发、实习实训基地建设等明确方向。崔晓迪（2013）指出，区域经济是决定职业教育发展的重要决定力量，职业教育发展的动力源泉就是区域经济发展的需求，区域经济决定了职业教育的规模、结构、发展速度。

其次，在职业教育对区域发展的影响与作用方面，研究者普遍认为，职业教育通过发挥人才培养、技术研发、社会服务等职能，提升区域人力资本，助推产业转型升级与中小微企业的发展，并且能够通过参与区域创新推动区域经济转型发展。有研究者指出职业教育能促进区域改造传统农业，提高农业劳动生产率，加速农村劳动力的合理有序转移，缩小城乡差距，助力共同富裕；能通过培养技术技能人才，为区域产业结构的调整升级提供智力支撑；能够助力产业转型，提高区域对外资的吸引力；通过改进生产方式降低区域对自然资源的消耗，实现可持续发展以及通过提升人的素质、升级消费结构实现工业化拓展市场。有研究者认为职业教育从促进区域经济、社会要素公平流动，促进区域经济结构协调发展，促进城乡经济差距缩小三方面对区域经济协调发展发挥杠杆作用。徐莉（2016）指出区域发展和职业教育之间以人才供需结构为桥梁和纽带来建立互动关系，合理的职业教育专业布局与结构设置能够为区域发展提供数量充足、结构合理、素质优良的技术技能人才供给，为区域产业结构升级、技术革新、经济发展提供支撑。马树超、范唯（2012）指出职业教育通过发展涉农类院校与专业、培养中小微企业紧缺人才、培养服务地方的技术技能人才等在服务农村改革发展、助推中小微企业发展、助力城市发展中发挥不可替代的作用，推动区域协调发展。从国外研究来看，职业教育在区域转型发展中的作用同样是研究者的关注重点，已有研究认为，职业教育能够通过参与区域创新、技术技能人才培养、技术转化与社会服务等方式推动区域转型和可持续发展。伦德瓦尔

(Lundvall, 2010) 在对制造业转型升级的发展进行研究后认为，除了大学和科研机构之外，职业教育机构也是区域创新的主要来源，是适应制造业新技术的重要知识来源；职业教育机构通过与制造业集群合作，实现和新技术的协同演化。亨里克·布林特·隆德（Henrik Brynthe Lund，2019）以挪威的两个制造业城市为例，探讨了职业教育机构在区域创新体系中的重要性，"职业教育通过知识生产和知识扩散参与到区域创新中"，其培养的技术技能人才能反哺新技术的应用并且进一步推动区域产业升级。澳大利亚国家职业教育研究中心（National Center for Vocational Education Research，Ncver）通过一项针对五个地区的案例研究探究了职业教育与培训在区域可持续发展中的作用，认为职业教育能够通过提升区域内的人力资本满足区域发展的短期和长期技能需求，促进政府、职业学校及行业企业之间的合作，鼓励创新与合作氛围等促进区域的可持续发展。

最后，在职业教育与区域发展互动机制方面，已有研究立足职业教育的特性与区域发展的需求，重点关注如何构建职业教育与区域发展的互动机制，以促进职业教育与区域经济社会的协调发展。张辉、苑桂鑫（2008）认为通过改善职业教育的社会经济环境，建立与产业结构相匹配的职教体系，加强区域间职业教育的均衡发展，放宽职教人才的户籍制度限制等措施，可以实现职业教育与区域经济的共同进步和发展。谢勇旗（2011）聚焦区域，提出构建河北省职业教育与区域经济协调发展互动机制的促进策略，政府层面要加强宏观调控，搭建平台，推动协调发展；院校层面要从优化培养定位、提升社会服务能力、拓宽服务路径等方面提升自身服务能力；企业层面要积极参与、共同谋划，促进发展供应。林克松（2012）提出构建职业教育和区域经济协调发展的互动机制，需从办学体制、人才培养体制、管理体制及相应机制的构建着力，构建多元统筹的经费投入机制，形成利益责任共担的集团化办学机制；构建人才需求预测机制、课程设置和教学模式的市场导向机制及人才培养质量与评价的联合评估机制；构建区域大职教统筹管理机制、伙伴协作机制和多边协调运行机制。潘海生（2021）则基于实证研究，提出可通过加快政府职能转变、推进职业教育供给侧改革，推动高等职业教育创新发展、完善高等职业教育体系，加强区域统筹、推动高等职业教育均衡发展这三个方面入手，持续推进职业教育与经济社会发展的耦合提升。王忠昌（2017）则从理论视角出发，探究了职业教育与区域经济协同发展的理论基础与逻辑方法，并提出了通过理念创新、结构对接、平台搭建、品牌建设等途径促进职业教育与区域经济产业协同发展。国外研究认为职业教育与区域发展之间的互动并非一成不变，而应当持续动态调整，区域发展要给予职业教育充分的政策、资金支持，而职业教育要持续提升自己满足区域不断变化的技能需求的灵活性。卡恩斯、鲍曼和加利克（Kearns，Bowman and Garlick，2008）等在对澳大利亚的五个地区进行了案例研究后提出了职业教育与培训和区域发展的双螺旋互动机制，认为职业教育和区域发展并非平行的线性过程，而是复杂的、动态的过程，因此有效的职业教育和区域发展需要不断调整、保持一致，区域要鼓励社区和企业链接、拓展与职业教育的伙伴关系，并促进对话和互动，加大面向职业教育的资金投入；而职业教育要通过积极创新与灵活性提升，响应区域和社区发展的全方位技能需求，特别是要服务中小型企业与薄弱的劳动力市场，以及农村区域与新兴产业相关的劳动力市场。

（三）职业教育与城市发展的相关研究回顾

随着我国城市发展阔步前进，职业教育与城市发展之间的关系日益得到关注，研究者将职业教育置于城市发展的大背景下，探讨城市发展对职业教育产生了何种影响、提出了何种要求，而职业教育又是如何应对这种新要求来促进城市发展的。已有研究普遍认同，职业教育能够提供高素质人力资源满足城市发展过程中经济转型和产业结构升级的需求，推动城市转型发展，实现发展动能转换；而城市发展过程中的分工细化会带来更多就业机会，为农村剩余劳动力向城市转移及城市就业群体的职业转换或岗位迁移提供了可能，也会对职业教育的规模与质量产生更高要求。职业教育和城市发展之间存在的良性互动、互相促进关系已得到研究者的普遍认同。

首先，在城市发展对职业教育的影响方面，多数研究者认同城市发展产生的特定需求决定了职业教育的规模、布局、层次、结构等内容。曹晔（2010）指出城市发展的城市化过程同时也是社会化过程，社会分工进一步细化，劳动的专业化程度日益提升，职业教育人才培养的作用和重要性也日益凸显；城市发展的城镇化过程带来了人口的集中和产业集聚，也为职业教育的规模、质量和效益的提升奠定了基础；而城市发展的规模与综合实力也决定了职业教育办学的层次和规模。王艺燕、朱洄、孙毅（2020）运用固定效应面板模型开展了城市发展对中等职业教育规模影响的研究，发现城市产业升级、人口基数和人口转移、公共产品投入中教育偏好的增强均能推动中职教育规模增长，而失业问题引发就业技能培训需求增大也能推动中职教育规模发展。陈文海（2018）基于三螺旋理论分析了城市发展对职业教育的影响，指出城市发展在一定程度上影响和决定职业教育的发展速度、规模和学校结构。

其次，在职业教育促进城市发展的研究方面，研究者普遍认同职业教育能够通过人力资源供给、人力资本提升、基于产学合作的技术创新研发与转化应用，推动城市化进程，加快城市发展与动能转化。陈选能（2006）探讨了城市化进程中发展职业教育的意义，指出职业教育能够推动农村劳动力顺利转移、提升劳动力品质、促进劳动力合理分流并带来城市文化的发展。曹晔（2010）指出，职业教育能够提供和城镇化与工业化发展需求相匹配的人力资源；通过提升人力资本促进城市的经济增长，增强城市发展的竞争力；能够改善就业结构，减少城镇化进程中的贫困现象；加快劳动力的合理流动，加速城乡一体化发展；并且能通过产学研有机结合带动城镇相关产业的发展。傅霞玲（2019）以泉州市为例，分析了职业教育如何通过产教融合，利用自身专业建设、科学研究和企业技术服务为城市转型发展提供人才支撑、智力支撑，并且带动泉州地区文明程度提升。张景璐（2022）探讨了珠海市职业教育如何贯彻"产业第一"决策，通过深化产教融合、对接产业需求调整专业布局、深化珠澳合作创新人才培养模式实现职业教育和城市发展的"同频共振"。

孙朝（2022）介绍了大同职业教育如何立足地方经济发展，为大同市创建首批国家新能源示范城市、产业转型升级发展提供技能人才支撑的经验。陶友珍、胡良马（2021）以宿迁市湖滨新区为例，探讨了职业教育如何通过旅游专业建设、旅游类人才培养为地方旅游企业输送优质人才，支撑地方旅游业发展。

最后，国外研究也突出了职业教育在促进城市发展动能转化中的作用与角色。以英国为例，在英国整体推进"工业4.0战略"的背景下，伦敦面临产业升级转型过程中新兴技术技能人才支撑不足的问题。为此，伦敦积极推进职业教育发展，赋予雇主主导权，鼓励雇主参与职业教育，改进职业教育的教育质量，加大数字技术、人工智能、5G技术和自动化等方面的数字化技能人才培养，以此反哺和推动伦敦市朝向数字化经济转型和产业升级。美国的教育特别是职业教育在促进城市转型发展与动能转化中也扮演了重要角色，如生物制药产业集群创新发展的"波士顿模式"，与当地的哈佛医学院、波士顿大学医学院等高等教育机构密不可分，这些教育与科研机构不仅产出大量的尖端先进技术，培养大批生物制药方面的科学家，而且创造了大量的相关就业岗位，实现从研发到落地生产的全方位支撑。美国的社区学院也在促进经济发展和城市转型中扮演重要角色，被称为"经济发动机"，近年来在重振制造业进程中也发挥了重要作用，许多社区学院结合所处城市发展制造业需求，重视培养学生掌握与制造业升级适切的技能，积极与中高端制造业部门建立密切的合作伙伴关系，最终共同推动城市制造业的升级发展。

（四）职业教育专业结构与产业结构互动研究综述

职业教育专业结构和产业结构共有的区域性特征，是职业教育专业结构嵌入区域产业结构的前提。回顾已有研究，从层次来看，已有研究可以分为宏观的国家层面、中观的区域层面和微观的院校层面。

在国家层面上，职业教育专业结构和产业结构互动研究主要立足宏观，围绕专业设置与产业结构互动的逻辑和思路、策略和机制等展开。

唐智彬、石伟平（2015）从知识生产和技术创新的视角分析了职业教育与区域产业结构协同创新的内在逻辑，并且探讨了构建职业教育专业与产业发展协同机制的基础与内容。罗洁颖（2014）认为可通过构建人才市场预测机制、专业设置多方协商机制和专业调适机制，实现产业结构与专业结构协调发展。刘晓（2020）基于"发展型式"理论，提出职业教育专业建设和产业发展的匹配需基于产业结构、市场需求、产业技术，从专业目录与产业目录、专业空间布局与产业空间布局、人才供给结构与劳动力需求结构、人才培养层次与劳动力需求层次、专业建设要素与劳动力技能需求要素这五个方面形成对接。

区域层面上关于职业教育专业结构和产业结构关系的研究多数立足特定区域，如长三角、珠三角、东三省、粤港澳、江苏、浙江、天津、河南等，将区域内的职业学校作为研究样本，以职业教育专业结构与产业结构互动关系作为研究对象，考察区域内职业教育专业结构在服务区域产业经济发展、产业结构升级转型中存在的问题，并提出相应的改进策略与建议。张慧青（2017）运用产业结构演进原理分析了山东省高等职业教育结构，特别是高职专业结构与产业结构之间的适应性，并提出了基于山东省产业结构优化的高职专业结构调整原则和策略。沈璐娟（2017）通过实证研究探究了浙江省高职教育结构与产业结构的适应性问题。阳益君（2018）通过结构偏离度分析法、灰色关联法探究了湖南省高职专业机构对接产业结构过程中，在专业数量、专业规模结构、专业空间结构方面存在的问题，并提出了相应的调整建议和对策。梁丹、徐涵（2016）以辽宁省为例，探究了职业教育专业结构和产业结构的协调性评价问题。侯小雨（2019）、郑海燕（2018）、龚森（2016）分别对河北省、河南省、福建省的省域产业结构和职业教育专业结构的适应性进行研究，并提出区域内专业结构调整的策略。

在院校层面上，研究者普遍认同职业学校专业结构主动对接、适应产业结构的重要性，认同职业教育专业结构主动适应区域产业结构是职业学校生存和发展的基石，已有研究多以某一院校或城市为研究对象，从当地经济产业结构发展现状和趋势出发，探究职业学校专业结构与产业结构相对接，服务区域经济产业发展的实践策略。丁廷发（2013）以重庆三峡职业学院为例，提出了基于当地产业结构发展情况的职业学校专业建设的建议与策略。张耘、邓凯（2014）以常州纺织服装职业技术学院为例，剖析了学院如何服务产业结构转型升级的建设实践。于素芳（2012）以吉林铁道职业技术学院为例，探索了基于产业发展需求的高职学校专业建设。李宏（2012）以江苏食品职业技术学院为例，分析了职业学校如何通过加强专业群建设服务区域产业升级。

国外关于职业教育专业结构和产业结构的直接相关研究较少，研究者多从职业教育和产业集群的关系入手，重点落脚于职业教育与培训对产业经济发展的贡献，在实践层面探讨职业学校如何为某一产业或某一产业集群培养所需的技术技能人才，针对性较强，但较少将专业结构和产业结构的对接、调整与优化适应作为研究主题。佩尔·伦德奎斯特（Per Lundequist，2002）以瑞典为例，以产业集群发展需要为起点分析了职业教育与培训需要在产业工人技能培养方面给予何种支持。约西·谢菲（Yossi Sheffi，2015）聚焦于物流产业集群，探讨职业教育对于物流产业集群的重要意义，在对孟菲斯、新加坡、芝加哥、鹿特丹等地物流产业集群的成功要素进行比较分析后指出，物流产业集群需要一系列具备不同水平技能和专长的技术技能人才，为了弥补员工招聘和在职培训的不足，物流产业集群吸引、发展教育机构，或和教育机构合作开展职业教育、本科生、研究生和专业教育。谭邦武（Tam Bang Vu，2012）通过调查美国几大重要行业从业人员的教育背景，发现社区学院在地方经济的发展中发挥了比高等教育更为重要的作用，是培养技术技能人才的主要阵地。

（五）已有文献述评

通过对上述文献的分析，可以发现关于职业教育适应性、职业教育与区域发展以及职业教育产业结构与专业结构的已有研究内容较为丰富，并可为本报告提供如下启示和指导：区域产业经济为职业教育提供了发展的物质基础，职业教育应主动适应区域产业转型发展，服务区域经济社会发展；产业发展与转型升级先于职业教育发展，职业教育专业结构的调整需要建立在准确把握产业演进趋势、规律和特征的基础上，才能与产业结构调整协调发展。

此外，已有研究也存在一些不足之处，为本报告提供了进一步深入的空间。

首先，对职业教育专业结构和产业结构的研究数量虽然较为丰富，也有部分研究从定量和定性的角度分析了产业结构与高职专业结构之间的关系，但是多数研究聚焦于特定的单一区域，如将湖南、江西、天津或粤港澳大湾区等单一地区作为研究对象，样本数据规模较小，得出的研究结论代表性不强、普适性也相对不足，可扩大研究对象和样本数据量，增强研究结论的可靠性与普适性。

其次，现有研究多数是基于现状进行研究，对产业结构、职业教育专业结构的变化趋势、变化规律等涉及较少。产业结构的调整和转型具有自身的发展规律，职业教育专业结构为了适应产业结构调整与转型，需要紧紧把握产业结构调整的趋势、规律和特征，才能避免专业结构设置与产业结构相错位、结构调整过于滞后等问题。因此，未来研究中也应注重对产业结构调整趋势与规律的研判，结合职业教育自身的发展规律，探寻产业结构调整与职业教育专业结构调整之间的联动关系。

最后，已有研究缺乏系统分析职业教育适应性的研究分析框架。当前产业结构的发展与演变日益复杂，产业发展带来的新需求也不断变化，职业教育适应产业发展的复杂性也与日俱增，需要在理论层面构建分析职业教育适应产业发展的研究分析框架，才能使研究更加科学、系统、深入。

二、理论基础

（一）产业结构演进理论

产业结构是指国民经济各产业部门之间及各产业部门内部的构成。

产业结构是前期经济增长的结果和未来经济增长的基础，是影响社会经济发展的决定性因素之一。产业结构演进主要表现为产业结构逐步由低级向高级变动，向着高度化和合理化的方向发展。产业结构受国内生产总值变化的影响，这种变化存在一般性规律。目前，关于产业结构演进和经济发展之间的理论相对较多，其中有代表性的理论包括：配第－克拉克定理、库兹涅茨产业结构理论和钱纳里的标准产业模型理论。前两个理论对产业结构和就业结构的关系进行阐述，后者则重在对工业进程和经济发展之间的关系进行论述，经典理论对于判断我国所处在哪个工业化阶段具有重要意义，是研究产业结构变化与就业结构变化的重要依据，为本报告探究我国产业结构演变、就业结构与人才需求变化及职业教育专业结构调整提供了重要的理论依托。

1. 配第—克拉克定理

配第—克拉克定理起源于威廉·配第的研究，他发现"各国产业结构的不同导致不同国家国民收入存在差异、社会经济发展阶段不同"，并在著作《政治算术》中提出了"工业附加值高于农业，而商业附加值高于工业"的结论，初步体现了三次产业划分的思想。随后，基于配第的研究成果，英国统计学家科林·克拉克在其著作《经济进步条件》中对社会经济发展过程中就业人口在三次产业中的分布结构变化情况进行了分析，得出如下结论：一个国家人均国民收入水平越高，农业劳动力的就业占比越低，第二、第三产业的劳动力就业占比越高；反之亦是如此；劳动力在不同产业间的转移是由各行业的附加值相对差异决定的。这一发现被称为配第—克拉克定理。

"配第—克拉克定理"描述了经济发展过程中劳动力在三次产业间的分布和演变趋势，是对产业结构和就业结构关系进行研究的经典理论。随着社会经济的发展，三次产业生产总值比重和劳动力比重变化的规律是从第一产业到第二产业再到第三产业为主导，这条定理对于大部分从工业升级转型的国家是适应的，发展中国家的产业结构演进的一般规律，即第一产业比重不断下降，第二产业、第三产业比重不断上升，直到达到一个合理的水平，其存在的理论前提是所转移的劳动力进入的是社会体系中有效的分工状态。

2. 库兹涅茨的产业结构理论

经济学家库兹涅茨基于配第—克拉克定理，对不同国家的经济数据进行分析，从不同产业的产值结构和劳动力就业结构两方面进一步考察了产业结构的演进规律，认为产业结构的调整优化和经济发展是相互作用的。首先，社会生产的最终目的是满足人们的需求，社会生产和市场供求结构的变化所导致的产业结构调整实际上是生产要素在不同产业的重新分布，这是社会经济发展的客观规律。其次，技术进步是经济社会发展的重要因素，由于各个产业的技术特性不同，表现出对新技术的创造和吸收能力有所差异。在现代化的工业社会，粮食的生产已经能够满足大多数人的生存需求，农业生产率的提高也使农村剩余劳动力转移到第二、第三产业中。随着经济的进一步发展，人力资本得到进一步提升，使得第二产业、第三产业的生产效率逐渐提高，金融、技术服务等新兴产业涌现，产业结构继续得到调整。

（二）人力资本理论

1. 舒尔茨的人力资本理论

人力资本理论最早由美国经济学家舒尔茨创立，开辟了关于人类生产能力的新思路。该理论认为物质资本指的是通过物质产品所体现的资本，如厂房、设备、原材料等；而人力资本则是体现在人身上的资本，即对生产者进行教育、职业培训等支出及其在接受教育时的机会成本等的总和，表现为蕴含于人身上的各种生产知识、劳动与管理技能等的存量总和。舒尔茨认为人力资本积累是经济增长的重要原因，生产水平和生产效率的提升主要是依托劳动者知识、技能的提升而实现的，现代经济增长主要是由劳动者的素质提升而决定的，高素质的劳动者必然具备高效率的劳动生产率，从而促进经济较快增长。

2. 现代人力资本经济增长理论

20世纪80年代，以知识经济为背景的"新经济增长理论"在西方兴起，随之而产生的是肯尼斯·阿罗、保罗·罗默等美国经济学家以人力资本理论为基础提出的内生增长理论，其核心思想是经济能够不依赖外力推动而实现持续增长，内生的技术进步是保证经济持续增长的决定因素。内生增长理论认为知识就是资本，人力资本是现代经济发展的源动力；强调教育的生产功能，将教育视为提升劳动生产率、增强人们创造和控制现代经济的关键要素。内生增长理论推动各国内化了经济发展的根本动力在于技术创新和发展这一概念，而技术创新和发展必须通过人力资本提升来实现，因此，实现区域乃至国家经济的持续发展，就必须意识到人力资本提升的重要性，将人力资本作为经济发展的核心动力。

（三）协同理论

协同理论源自20世纪60年代德国物理学家哈肯提出的协同学，他将协同界定为是一个复杂的、开放的系统，在与外界进行物质、信息和能量交换时，它的各子系统之间会自发地相互作用并影响，最终形成一个新的、有效的结构。协同理论主要包括三部分内容：一是协同效应，协同效应是指系统中的子系统之间会相互作用和影响，使系统从无序走向有序，脱离混沌现状，达到稳定状态。二是伺服原理，伺服原理是指在系统中各要素由一种状态转化为另一种状态的集体协同行为过程中，快变量服从于慢变量，其中具有核心作用的序参量起到支配子系统的决定性作用，进而影响系统演化的全过程。三是自组织原理，自组织原理是指系统在变化过程中，由于各子系统之间的相互协调作用，最终会形成具有一定功能的自组织结构。

协同理论所适用的研究对象必须由多个复杂且开放的子系统构成，区域职业教育作为一个庞大的、由多个利益相关者组成的教育系统，协同理论同样适用。一方面，区域职业教育体系是一个由政府、行业、企业、中高职学校等诸多子系统组成的复杂系统，这些子系统在相互影响中不断演化、不断发展。各子系统由于自身属性不同，天然地存在利益冲突和分歧，而不同利益主体之间的博弈也使区域职业教育体系呈现复杂性特征。另一方面，区域职业教育体系是一个开放系统，受到外部的社会需求、经济产业需求、文化规训等因素影响，同时也受到子系统内部的主观利益驱动等内部因素影响。此外，区域职业教育体系中，区域政府出台配套投入、扶持政策，监督与保障职业教育发展；职业教育与区域产业企业之间通过协议、合同等形式约束与规范产教融合、校企合作；职业教育内部制定规章制度，规范自身办学，区域职业教育体系具有自组织的性质。

区域职业教育体系形成协同效应，主要体现在以下三个方面：一是职业学校与行业企业协同，随着政府、行业、企业、中高职学校各自发展理念的更新，各子系统间主动寻求合作，协商谋求利益共同点，搭建合作平台，在政策支持下实现职业学校和行业企业协同发展，如企业和高校积极共建科技园、职业教育集团、实习实训基地等。二是中高职协同，为满足职业教育统筹协调的需要、适应人才与劳动力需求变化、增加职业教育的吸引力，中高职学校必须在培养方案、专业设置、课程建设、教学设计等方面深入分析、科学谋划、精准衔接，以此实现真正意义上的中高职无障碍协同沟通。三是职业教育专业结构与区域产业结构协同，为实现职业教育服务区域产业经济转型升级发展，职业教育的专业设置、布局与结构必须与区域产业结构相适应。

（四）发展型式理论

"发展型式"理论是美国经济学家钱纳里在著作《发展的型式：1950 – 1970》中提出的，该理论主要从产业结构演变、劳动力转移、技术水平制约三方面阐明产业发展历程：一是在提出产业发展过程中，产业结构会经历"不发达经济阶段、工业化阶段（包含工业化初期、中期、后期)、发达经济阶段(包含后工业社会时期、现代化社会时期)"三个阶段六个层次变化。二是提出产业结构变化会带来就业结构的变化,使劳动力分布在不同产业之间发生转移,随着人均GDP的增长,劳动力会从第一产业向第二产业与第三产业转移。三是提出了就业结构转换会由于生产效率和技术水平未达到一定水平而出现滞后,即当生产效率和技术水平未达到对应水平时,会出现产业结构和实际就业结构的不匹配,就业结构的转换滞后于产业结构的调整。劳动者就业结构的变化对产业结构的调整具有反向推动作用,劳动者素质的高低直接决定了产业结构的演进速度,如果劳动力群体构成以低素质劳动力为主,那么实现产业结构优化升级的难度较大,速度也会较慢。"发展型式"理论对根据产业发展演变过程,分析产业结构转型发展过程中产生的需求,具有重要借鉴意义。

(五)职业教育"专业—产业"适应性:内涵诠释及分析框架

基于已有文献梳理、人力资本理论、协同理论等相关理论分析及本报告的研究目的,本报告中的职业教育"专业—产业"适应性是在新经济发展格局的背景下,对职业教育这一类型教育与产业发展之间关系的更高要求,指的是职业教育自身专业建设与产业发展之间形成更加适切、更加紧密的相互促进与支持的关系,其基本逻辑是:一方面,产业发展动向决定和塑造职业教育专业建设的规模、结构、类型;另一方面,职业教育通过专业建设发挥技术技能人才培养、技术研发与转化、社会服务等功能,为产业发展提供人才支撑,助推产业转型升级,以及通过积极参与区域创新推动区域城市动能转换与转型发展。

具体看来,可从产业发展过程中产生的需求入手来分析职业教育"专业—产业"适应性问题。根据产业结构演进理论和发展型式理论,产业发展过程中,产业结构的变化会引起就业结构的变化,因此对劳动力的类别和分布的需求也会产生变化,就业市场也会随之而发生改变。而良好的、与产业结构相匹配的就业结构也能够对产业发展起到反向推动作用。同时，技术进步是推动产业发展的决定因素，只有符合产业发展需求的技术才能够真正转化为生产力，而劳动者作为实现从技术到生产力这一转换过程的重要载体，技术的进步革新对劳动者的技能形成提出了新的要求，产业技术的发展与变革也因此成为职业教育专业建设与人才培养的根本出发点。以上述分析为基础，可构建职业教育"专业—产业"适应性的分析框架（见图1）。

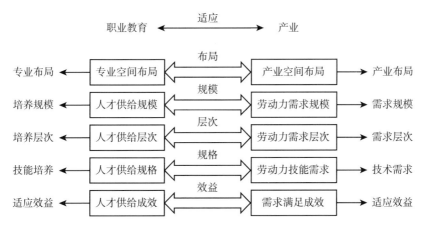

图1 职业教育"专业—产业"适应性分析框架

基于职业教育的视角，对职业教育"专业—产业"适应性的分析可从布局、规模、层次、规格及效益这五个维度进行：（1）布局适应性，从地理角度来看，不同区域的自然资源禀赋、人口、交通等条件各不相同，因此，不同区域形成了不同的产业类别和规模结构。职业教育"专业—产业"布局适应性指的是特定区域内的职业教育专业设置类别是否能与同一区域内存在的产业类别相适应，即反映特定区域内职业教育人才培养与供给是否与区域内产业的类别与结构相适应。（2）规模适应性，即职业教育人才培养与供给的规模是否与产业发展中产生的劳动力规模需求相适应，避免出现劳动力规模供需错位现象。（3）层次适应性，当前我国不同区域产业转型升级的快慢程度不同，不仅在产业类别方面，在产业发展阶段方面也存在差异，因此不同区域产业的劳动力需求层次也存在差别，中低端产业依旧需要大量熟练的技能型人才，中高端产业则需要更高层次的技术技能型人才。因此，职业教育专业—产业的层次适应性，指的是中等职业教育与高等职业教育的人才培养与供给，要与产业转型升级中产生的特定劳动力层次需求相适应。（4）规格适应性，产业转型升级受到科学技术创新的驱动，而科学技术的创新需要依托高素质技术技能人才来实现技术创新成果的落地应用，才能使技术创新真正转化为生产力，加快产业升级，因此，职业教育专业—产业的规格适应性，指的是职业教育人才培养所习得的技能，与产业技术的发展对劳动力提出的技能需求相适应。（5）适应效益，指的是职业教育专业—产业的适应成效，反映的是职业教育专业建设、人才培养与供给与产业发展需求的适应程度如何。

三、研究方法

（一）文献研究法

通过对国内外有关文献的查阅，搜集职业教育适应性研究、职业教育与区域发展相关性研究及职业教育专业结构和产业结构相关性研究等的相关信息，掌握有关研究内容的基本情况，在对研究现状进行批判性分析的基础上，确定了已有研究存在的不足之处，为本报告确定研究对象及研究问题提供了参照。

（二）统计分析法

统计分析法是指对收集到的有关数据资料进行归类整理、分析并进行解释的过程。统计方法包括描述统计与推断统计。本报告收集到全国及15个副省级城市的统计年鉴、教育局、国民经济和社会发展统计公报等官方统计数据，运用专业—产业偏离度、专业重复度、中职—高职偏离度等分析方法，对为全国及15个副省级城市职业教育区域适应性研究提供数据支撑。

（三）案例研究法

本报告以 15 个副省级城市的职业学校作为典型案例，通过系统地收集产教融合、专业结构调整和区域社会服务的数据与资料，进行深入研究，用以探讨和剖析挖掘人才供给如何与区域产业需求匹配，技术转化、创新研发如何助推区域转型和动能转化等方面的典型做法，以此丰富理论和实证研究结果。

第三部分

职业教育"专业—产业"
适应性典型城市分报告

第一篇

推进现代化国际大都市建设

——青岛市职业教育"专业—产业"适应性研究报告

职业教育正面临前所未有的发展机遇。2021 年 4 月召开的全国职业教育大会强调，要优化职业教育类型定位，加快构建现代职业教育体系。2022 年 4 月修订的《职业教育法》首次在法律层面明确职业教育是与普通教育具有同等重要地位的教育类型。职业教育是教育体系中同产业发展联系最为直接和紧密的一个领域（金娴和金高军，2022），是培养高素质技术技能人才的重要主体，专业是连接人才培养与产业需求的重要纽带，影响着职业学校主动适应产业发展的水平。职业教育"专业—产业"适应性是职业教育服务区域经济社会发展的功能得以充分发挥的重要基石，职业教育专业结构要动态适应区域产业发展需求，职业学校要立足现实基础和特色优势，紧密对接区域产业发展布局，注重专业设置与区域产业布局的匹配性，支撑产业发展需求，助推新旧动能转换，为全面建设社会主义现代化国家提供坚实的技能人才支撑。具体看来，职业教育"专业—产业"适应性可从布局、规模、层次、规格及效益这五个维度进行分析，即职业教育专业布局适应产业布局、培养规模适应产业对劳动力的需求规模、人才培养和供给层次适应产业劳动力需求层次及人才供给规格满足产业发展的劳动力需求，最终实现人才供给与产业需求相匹配。报告以青岛市为例，基于 2021 年青岛市职业学校和产业发展相关数据，运用本报告构建的职业教育"专业—产业"适应性分析框架，探究青岛中高职学校专业设置与地区产业发展的契合度和适应性，探索职业教育专业布局助推区域高质量发展的有效途径（平和光等，2021）。

一、青岛市经济与职业教育发展状态

（一）青岛市经济发展与产业结构变化趋势

青岛市为副省级城市、计划单列市，是世界第四大港口城市，也是国务院批复确定的中国沿海重要中心城市和滨海度假旅游城市，现辖市南、市北、崂山、李沧、黄岛、城阳、即墨 7 个区，代管胶州、平度、莱西 3 个县级市，是山东省经济中心、国家重要的现代海洋产业发展先行区，2021 年常住人口超过 1000 万人，城镇化率达 77.2%，跻身特大城市行列。近年来，青岛全面贯彻新发展理念，主动融入和服务新发展格局，经济发展韧性和活力持续彰显，高质量发展取得显著成效，全市生产总值五年跨越五个千亿元台阶，2021 年达 14136.46 亿元，位列全国城市第 13 位，人均生产总值达到 13.9 万元，2021 年青岛第一、第二、第三产业增加值分别达到 470.06 亿元、5070.33 亿元、8596.07 亿元，三次产业之比为 3.3∶35.9∶60.8。相较于 2011 年，近十年，青岛第一产业由 2011 年的 4.6% 下降到 3.3%，下降 1.3 个百分点，第二产业由 47.6% 下降到 35.9%，下降 11.7 个百分点，下降幅度较大，第三产业由 47.8% 上升到 60.8%，上升 13.0 个百分点，以服务经济为主的"三二一"产业结构基本形成。"十四五"期间，青岛着力突出数字牵引作用，大力发展数字经济、枢纽经济、目的地经济、流量经济（张文宣和孙国卫，2021），致力于打造世界工业互联网之都、战略性新兴产业基地、国家级服务经济中心。

（二）青岛市职业学校规模与结构

2021 年，青岛市完成招生专业备案的中等职业学校 52 所，有 13 所国家中等职业教育改革发展示范学校，在计划单列市和副省级城市中位居第一位；27 所省示范性、优质特色和规范化中职学校、28 个省品牌专业，立项建设的学校及专业数量位居全省第一位（赵黎，2022）。因职业教育成效突出，青岛先后被授予国家高职综合改革试点城市、全国首批现代学徒制试点城市、全国首批产教融合试点城市、山东省职业教育改革成效明显市等荣誉（赵黎，2022）。

青岛市完成招生专业备案的高职学校 11 所，均为专科层次职业学校。其中，中国特色高水平高职学校和专业建设计划建设单位 2 所、国家示范性高等职业学校 1 所、国家骨干高职学校 1 所、国家优质专科高等职业学校 2 所、山东省优质高等职业学校 4 所、山东省高等职业教育高水平专业群建设单位 4 所，2021 年在校生总数 9.1 万人。另外招收专科层次职业教育专业的普通本科院校 6 所，2021 年在校生总数 5 万人。

表 1   青岛市高职学校名单（顺序不分先后）

序号	院校名称	性质	中国特色高水平高职学校和专业建设计划建设单位	国家骨干高职院校	国家示范性高等职业院校	国家优质专科高等职业学校	山东省优质高等职业院校	山东省高等职业教育高水平专业群建设单位
1	青岛港湾职业技术学院	高职院校		√			√	√
2	青岛工程职业学院							
3	青岛航空科技职业学院							
4	青岛酒店管理职业技术学院		√				√	√
5	青岛求实职业技术学院							
6	青岛幼儿师范高等专科学校							
7	青岛远洋船员职业学院							
8	青岛职业技术学院		√		√	√	√	√
9	山东外贸职业学院					√	√	
10	山东文化产业职业学院							
11	德州科技职业学院青岛校区							
12	青岛滨海学院	招收专科层次职业教育专业的普通本科院校						
13	青岛城市学院							
14	青岛工学院							
15	青岛恒星科技学院							
16	青岛黄海学院							
17	青岛理工大学							

从区域分布看，黄岛区是职业学校分布较为密集的区域，中高职学校分别达到 10 所和 6 所；其次是城阳区，中高职学校分别达到 8 所和 3 所，市南区、市北区、崂山区、平度市无高职学校，其中市北区中职院校最多（达 11 所），李沧区、即墨区、胶州市、莱西市中高职学校分布相当。

表 2　　　　　　　　2021 年青岛中高职学校区域分布情况

类型	市南区	市北区	崂山区	李沧区	黄岛区	城阳区	即墨区	胶州市	莱西市	平度市	合计
中职（所）	4	11	3	5	10	8	4	2	3	2	52
高职（所）	0	0	0	3	6	3	1	2	2	0	17

为巩固部省共建职教高地成果，完善现代职教体系，增强职业教育适应性，青岛高职学校联合发起山东省职业学校"三教"改革联盟，率先在全国建立起"三教"改革领域的联合体，引领职业教育服务国家战略、融入区域发展、促进产业升级。同时，青岛市制订职业教育提质扩优三年行动计划，新建青岛现代职教中心学校，完善中职办学条件；扩大高职办学规模，争取新建 2 所以上高职学校，2025 年青岛高职学校在校生人数超过 12 万人；提升办学层次，支持 1 所高职学校创办职业教育本科院校，支持 5 所高职学校开办职业教育本科专业；推进高中阶段联合育人，支持普通高中与职业学校联合举办新型普职融通班，建设 2 个市级综合性公共实训基地；聚焦新能源汽车等青岛市重点发展产业，推进青岛市现代职教园建设。明确了在全省勇当龙头、在全国争先进位、在全球彰显特色的职业教育发展目标，不断推进职业教育改革创新重大项目落地落实。

（三）青岛市职业学校专业设置情况

1. 专业规模与结构分析

《职业教育专业目录（2021 年）》共设有 19 个专业大类、358 个中职专业、744 个高职专业，2021 年青岛 52 所中职学校共设有 17 个专业大类、130 个专业种类，覆盖率分别为 89.47% 和 36.31%，专业布点数 418个；17 所高职学校共设有 18 个专业大类、195 个专业种类，覆盖率分别为 94.74% 和 26.21%，专业布点数 462 个。

从学校设置、专业布点情况和招生人数三个方面分析，中高职排名前四位的均为财经商贸大类、电子与信息大类、装备制造大类、交通运输大类，2021 年四大专业大类中职招生 19148 人，占总招生人数的60.14%；高职招生 30172 人，占总招生人数的 56.36%，中高职均占一半以上。

水利大类无中高职学校设置专业；公安与司法大类仅有 1 所高职学校设置专业，无中职学校设置专业；能源动力与材料大类仅有 1 所中职学校和 1 所高职学校设置专业。中职专业布点排名后四位分别是资源环境与安全大类（1 个）、能源动力与材料大类（1 个）、生物与化工大类（3 个）、食品药品与粮食大类（4 个），高职专业布点数排名后四位分别是公安与司法大类（1 个）、能源动力与材料大类（1 个）、资源环境与安全大类（2 个）、轻工纺织大类（2 个）。

青岛职业学校专业设置呈现出种类齐全但专业布局不均衡的特点，基本形成了以财经商贸、电子与信息、装备制造、交通运输为主的专业结构，水利、公安与司法、能源动力与材料、资源环境与安全、生物与化工、食品药品与粮食、轻工纺织等专业大类设置较为薄弱。

表 3 　　　　　　　　2021 年青岛市职业学校专业设置情况

产业	专业大类	中职					高职				
		专业设置学校数（个）	专业数（个）	专业布点数（个）	专业布点占比（%）	2021年拟招生人数（人）	专业设置学校数（个）	专业数（个）	专业布点数（个）	专业布点占比（%）	2021年拟招生人数（人）
第一产业	农林牧渔	6	12	19	4.55	764	3	4	4	0.87	190

续表

产业	专业大类	中职					高职				
		专业设置学校数（个）	专业数（个）	专业布点数（个）	专业布点占比（%）	2021年拟招生人数（人）	专业设置学校数（个）	专业数（个）	专业布点数（个）	专业布点占比（%）	2021年拟招生人数（人）
第二产业	资源环境与安全	1	1	1	0.24	40	2	2	2	0.43	180
	能源动力与材料	1	1	1	0.24	40	1	1	1	0.22	50
	土木建筑	10	7	22	5.26	1385	10	12	33	7.14	2933
	水利	0	0	0	0	0	0	0	0	0	0
	装备制造	26	16	70	16.75	6031	14	24	65	14.07	6460
	生物与化工	2	2	3	0.72	440	3	4	5	1.08	475
	轻工纺织	7	1	7	1.67	397	2	2	2	0.43	50
	食品药品与粮食	3	4	4	0.96	212	2	3	3	0.65	160
第三产业	交通运输	23	16	49	11.72	4983	13	29	53	11.47	5910
	电子与信息	27	12	55	13.16	3840	13	24	64	13.85	6787
	医药卫生	8	9	17	4.07	1810	6	14	24	5.19	4980
	财经商贸	28	10	60	14.35	4294	13	18	78	16.88	11015
	旅游	18	7	32	7.66	2702	11	11	28	6.06	3540
	文化艺术	18	17	42	10.05	2217	11	19	40	8.66	4165
	新闻传播	9	4	13	3.11	675	5	6	8	1.73	965
	教育与体育	14	8	18	4.31	1630	12	18	45	9.74	5121
	公安与司法	0	0	0	0.00	0	1	1	1	0.22	50
	公共管理与服务	5	3	5	1.20	380	5	3	6	1.30	500
合计	—	52	130	418	100	31840	17	195	462	100	53531

2. 专业集中度与集聚度分析

专业集中度和专业集聚度可反映专业集群程度和专业特色，专业集中度是站在地方区域的角度分析不同院校间的差别，专业集聚度是站在院校个体的角度分析学校内部专业设置。

专业集中度指同一专业在不同学校的分布情况，同一专业分布学校越多，专业集中度越低，专业重复度越高，专业特色越不明显（周维莉和王志强，2021）。青岛高职学校中重复率高于50%的专业有6个，开设学校占比最高达76.47%，7个专业2021年招生人数低于1500人，反映出青岛高职学校专业集中度低、专业重复度高、专业设置同质化严重、专业特色不强、部分院校专业设置跟风严重的特点（见表4）。相较于高职学校，中职院校专业集中度高，最高重复率仅为38.46%。表5展示了2021年招生人数大于500人、学校分布仅为1－2个的专业，此类专业的集中度高，专业特色明显，如酒店管理与数字化运营专业仅有青岛酒店管理职业技术学院一所学校设置，且招生人数高达800人，在设置专业时充分结合了自身特色、资源优势、区域经济发展的需求，专业特色鲜明。

表4 **青岛中高职学校重复率较高的专业**

排序	中职院校			高职学校			
	专业名称	开设学校数（个）	开设学校占比（%）	2021年招生人数（人）	专业名称	开设学校数（个）	开设学校占比（%）	2021年招生人数（人）
1	会计事务	20	38.46	1748	电子商务	13	76.47	2068
2	电子商务	18	34.62	1120	大数据与会计	11	64.71	2756
3	机电技术应用	17	32.69	2374	空中乘务	10	58.82	1260
4	计算机应用	17	32.69	1670	现代物流管理	10	58.82	1213
5	旅游服务与管理	15	28.85	1586	旅游管理	10	58.82	1105
6	数控技术应用	13	25.00	1387	建筑工程技术	9	52.94	1023
7	汽车运用与维修	12	23.08	1245	机电一体化技术	8	47.06	1530
8	航空服务	10	19.23	1708	大数据技术	8	47.06	1285
9	物流服务与管理	10	19.23	836	市场营销	8	47.06	865
10	幼儿保育	8	15.38	945	电气自动化技术	8	47.06	810

表5 **专业集中度高专业特色明显的专业分布**

专业类型	学校	专业大类	专业名称	2021年招生人数（人）
中职	青岛北方航空职业学校	交通运输	航空服务	600
	青岛西海岸航海职业学校	旅游	旅游服务与管理	600
	山东省青岛第二卫生学校	医药卫生	护理	500

续表

专业类型	学校	专业大类	专业名称	2021年招生人数（人）
高职	青岛滨海学院	学前教育	教育与体育大类	550
	青岛黄海学院	护理	医药卫生大类	800
		学前教育	教育与体育大类	580
	青岛酒店管理职业技术学院	酒店管理与数字化运营	旅游大类	800
	青岛求实职业技术学院	护理	医药卫生大类	550
		婴幼儿托育服务与管理	医药卫生大类	500
	山东外贸职业学院	国际经济与贸易	财经商贸大类	780
		大数据与会计	财经商贸大类	600

专业集聚度（专业集群度）指一所学校内设置的专业大类与专业数间的对比关系，是专业数与专业大类数的比值。专业大类越多，专业集聚度一般越低。专业集聚度在3以下的中职学校有42所，占比80.77%，高职学校有5所，占比31.25%，这些院校专业大类涉及较多、专业跨度大、集聚度低，难以形成专业群，缺乏办学特色；专业集聚度在3-5的中职学校有9所，占比17.31%，高职学校有9所，占比56.25%，此类院校开设专业和覆盖的专业大类较多，专业特色也不明显；专业集聚度在5以上的中职学校仅有1所，占比1.92%，高职学校有2所，占比12.50%。相较于中职学校，高职学校的专业集聚度较高，容易构建专业特色明显的专业群，办学资源聚集，具有较强的核心竞争力（见表7）。

表6   **青岛中高职学校专业集聚度分析**

专业集聚度	高职		中职	
	学校数（个）	学校占比（%）	学校数（个）	学校占比（%）
小于3	5	31.25	42	80.77
3-5	9	56.25	9	17.31
大于5	2	12.50	1	1.92

二、青岛市职业学校专业结构与产业发展适应性分析

职业教育是一种与经济社会发展关系紧密的教育类型，专业是连接人才培养与产业需求的重要纽带，影响着职业学校主动适应产业发展的水平。随着高素质技术技能人才的缺口日益扩大，职业教育的地位和使命日渐凸显。产业结构的转型升级，影响着就业市场劳动力的需求侧结构，职业教育专业布局则反映着技术技能人才的供给侧结构。推进专业布局与产业发展的供需平衡，增强职业教育的区域产业适应性与契合度，对于深化职业教育类型定位，促进区域经济社会发展具有重要意义。

（一）第一产业相关专业的高层次劳动力严重不足

2021 年中职院校设置与第一产业相关专业的布点数 19 个，占比 4.55%，高职学校设置与第一产业相关专业的布点数 4 个，占比仅为 0.87%。与 2021 年青岛市第一产业在三大产业结构中占比 3.3% 相比，中职层次劳动力供应较为充足，而更高层次的高职层次劳动力严重不足（见表 7）。《青岛市"十四五"农业农村现代化规划》明确提出打造乡村振兴齐鲁样板先行区、建设全国都市现代农业示范区、建设国家城乡融合发展试验区的三个定位，提出农业高质高效走在全国前列、乡村宜居宜业走在全省前列、农民富裕富足走在全省前列的三个目标，农业科技贡献率要提升到 72%，加快发展现代种业、园区农业、数字农业、绿色农业、品牌农业，这对劳动力的素质和能力提出了更高要求，特别是在农业科技、信息技术、资源环境等方面。将青岛市 18 个高职专业大类布点比率与产业比率进行相关性分析，电子与信息、土木建筑、旅游、农林牧渔、资源环境与安全、生物与化工、食品药品与粮食、公安与司法、能源动力与材料等专业大类与第一产业的相关性较好，对农业信息、农业旅游、农业环境、农业能源等方面具有促进意义，而助力农业电商同

时专业规模较大的财经商贸大类与第一产业的相关性较差。在全面推进乡村振兴、加快农业农村现代化进程的大背景下，应适当增加高职学校与第一产业相关专业的招生规模，引导相关专业毕业生向第一产业就业创业，助推农业转型升级，服务现代农业发展（见表8）。

表7　　2021 年青岛市职业学校专业三次产业布点情况

类型	专业布点数（个）			专业布点占比（%）		
	第一产业	第二产业	第三产业	第一产业	第二产业	第三产业
中职	19	108	291	4.55	25.84	69.62
高职	4	111	347	0.87	24.03	75.11

表8　　青岛市 18 个高职专业大类布点比率与产业比率
Pearson 相关系数（无水利水电大类）

占比	财经商贸(16.88)	文化艺术(8.66)	电子与信息(13.85)	装备制造(14.07)	医药卫生(5.19)	教育与体育(9.74)	土木建筑(7.14)	旅游(6.06)	交通运输(11.47)
一产/GDP	−0.026	−0.224	0.433	−0.473	−0.876**	−0.869**	0.803**	0.464	−0.945**
二产/GDP	−0.09	−0.222	0.4	−0.455	−0.829**	−0.845**	0.828**	0.431	−0.926**
三产/GDP	0.083	0.223	−0.405	0.458	0.836**	0.85**	−0.827**	−0.436	0.93**
占比	农林牧渔(0.87)	轻工纺织(0.43)	新闻传播(1.73)	公共管理与服务(1.3)	资源环境与安全(0.43)	生物与化工(1.08)	食品药品与粮食(0.65)	公安与司法(0.22)	能源动力与材料(0.22)
一产/GDP	0.726*	−0.223	−0.204	0.312	0.867**	0.787*	0.874**	0.75*	0.445
二产/GDP	0.763*	−0.322	−0.207	0.318	0.905**	0.757*	0.903**	0.779*	0.344
三产/GDP	−0.76*	0.311	0.207	−0.318	−0.902**	−0.762*	−0.901**	−0.777*	−0.357

注：（1）$*p<0.05$，$**p<0.01$；（2）专业大类括号数字指 2021 年的专业布点数占比；（3）相关系数为正值，说明呈正相关，负值为负相关；（4）相关系数绝对值越大，说明相关性越好。

（二）第二产业相关专业难以满足产业需求

青岛坚持创新驱动发展，加快动能转换，智能家电、轨道交通 2 个产业集群入选国家先进制造业集群，跃居先进制造业百强市第七位。从青岛市 18 个高职专业大类布点比率与产业比率的相关性分析中可以看出，电子与信息、土木建筑、旅游、农林牧渔、资源环境与安全、生物

与化工、食品药品与粮食、公安与司法等专业大类与第二产业的相关性
较好，而具有明显制造业特征同时专业规模较大的装备制造大类和交通
运输大类与第二产业呈现明显负相关，说明此类专业在一定程度上明显
脱离了相关产业发展的需求，这与青岛"十四五"期间全力打造智能家
电和先进轨道交通装备两个世界级产业集群的战略规划不匹配，装备制
造大类和交通运输大类的供给侧与需求侧的严重不平衡应引起有关部门
和职业学校的高度重视。同时，"十四五"期间，青岛全力打造现代海
洋、新一代信息技术、智能家电、轨道交通装备、新能源汽车五个一流
产业集群，改造提升装备制造、高端化工、食品饮料、纺织服装四个传
统优势产业，培育壮大生物医药、新材料、航空航天三大新兴产业，前
瞻布局氢能及储能、生命科学、类脑智能等一批未来产业（孙欣，
2021），打造世界工业互联网之都。2021 年，青岛市第二产业相关专业的
布点数，中职 108 个，占比 25.84%；高职 111 个，占比 24.03%。与
2021 年青岛市第二产业在三大产业结构中占比 35.9% 相比，中高职层次
劳动力均严重不足，在 2019 年青岛发布的新旧动能转换技能人才紧缺急
需的 50 个专业目录中，一半以上属于第二产业相关专业，包含数控加
工、机械设备、汽车制修、船舶海洋等专业群专业，第二产业相关专业
的高素质技术技能人才需求缺口巨大。

（三）第三产业相关专业供给趋于饱和

近十年，青岛第三产业占比由 47.8% 上升到 60.8%，上升 13.0 个百
分点，增加值年均增长 8.5%，青岛市服务业规模持续扩大，新兴服务业
蓬勃兴起，现代服务业加快发展，以服务经济为主的"三二一"产业结
构基本形成，涵盖交通、仓储、邮政、文体旅游、软件信息、科技服务
等方面的现代服务业对经济增长的贡献率稳步提高，成为青岛市经济增
长的"新引擎"和"压舱石"。2021 年，青岛第三产业相关专业的布点
数，中职 291 个，占比 69.62%，高职 347 个，占比 75.11%，分别高于
第三产业占比 8.82 个、14.31 个百分点，"热门专业""低成本专业"扎

堆过剩的情况普遍存在，第三产业人力资源供给过剩。近些年，青岛成功服务保障了上海合作组织青岛峰会、跨国公司领导人青岛峰会、人民海军成立 70 周年多国海军活动等重大国际活动的举行，同时跻身国际性综合交通枢纽城市，这对高品质服务业的需求逐渐增大，服务业从业者的需求由数量向质量转变。"十四五"期间，青岛致力于全面建设国家级服务经济中心，推动现代物流、现代金融、信息服务、科技服务、商务服务 5 大生产性服务业向专业化和价值链高端延伸，推动精品旅游、现代商贸、文化创意、医养健康 4 大生活性服务业向精细化和高品质转变，加快推进服务业数字化。与这 9 大服务产业相关的医药卫生、交通运输、教育与体育等专业大类与第三产业相关性较好，而具有明显服务业或商业性质的财经商贸、旅游大类相关性差，专业结构与产业结构不匹配。值得注意的是，专业规模居于前四位之一的财经商贸专业大类，与三个产业相关性均不明显，这与青岛依托上合示范区、山东自贸试验区青岛片区等重大战略平台，建设国际贸易中心城市的目标和愿景不匹配。

（四）战略性新兴产业人才储备匮乏

近年来，青岛深入实施创新驱动发展战略，着力提升战略性新兴产业发展能级，促进产业基础能力和产业链现代化水平加速提升，全面发展壮大战略性新兴产业。以数字经济为代表的新动能迅速起势，工业互联网快速发展，"四新"经济、海洋经济增加值占生产总值比重均突破30%（陆治原，2022）。"十四五"期间，青岛将集中优势资源，攻克关键核心技术，重点培育发展新一代信息技术、高端装备、新能源、新材料、智能网联及新能源汽车、绿色环保、航空航天、现代海洋、生物等产业，超前布局未来产业，大力发展战略性新兴产业相关服务业，打造国家重要的战略性新兴产业基地（见表 9）。从青岛市高职专业设置与战略性新兴产业发展对接情况来看，除高端装备类新兴产业外，其他战略性新兴产业相关专业布局严重不足，尤其是新能源、新材料、绿色环保、航空航天、生物等新兴产业，能破解制约产业高质量发展"卡脖子"问题的高素质技术技能人才储备匮乏，制约着青岛新旧动能转换和国家战略性新兴产业基地建设进程。

表9　　　　青岛市高职专业设置与战略性新兴产业发展对接情况

产业类别	相关专业	设置的专业点数（个）	占设置专业总数比例（%）
信息技术	计算机应用技术、大数据技术、云计算技术应用、通信软件技术、区块链技术应用、微电子技术、移动应用开发等	44	9.52
高端装备	工业机器人技术、机电一体化技术、智能焊接技术、智能控制技术、智能产品开发与应用、模具设计与制造、智能机电技术等	87	18.83
新能源	新能源装备技术、新能源汽车技术、新能源汽车检测与维修技术等	7	1.51
新材料	材料成型及控制技术等	1	0.22
智能网联	智能焊接技术、智能物流技术、智能产品开发与应用、人工智能技术应用、智能机电技术、工业互联网技术、物联网应用技术等	26	5.63
新能源汽车	新能源汽车技术、新能源汽车检测与维修技术、汽车智能技术等	15	3.25
绿色环保	环境监测技术、环境艺术设计	8	1.73
航空航天	航空物流管理、民航空中安全保卫、通用航空器维修、通用航空航务技术、民航运输服务等	8	1.73
现代海洋	船舶动力工程技术、船舶电子电气技术、船舶工程技术、航海技术、港口与航运管理、海洋化工技术等	14	3.03
生物	生物制药技术、药品生物技术等	2	0.43

三、青岛市职业教育贯通培养情况

（一）青岛市职业教育贯通培养契合度分析

构建纵向贯通、横向融通的现代职业教育体系，要求推进中职、高职与本科层次职业教育的贯通式培养，强调学生在职业教育体系内部的接续培养，以满足经济社会发展对高水平人才的需求。目前青岛市无本科层次职业学校，高层次高素质技术技能人才培养受到一定限制。用专业布点偏离度（Z—G）分专业大类判定中高职专业结构贯通契合度，公式如下：

$$Z-G\ 偏离度 = \frac{中职专业布点比率}{高职专业布点比率} - 1$$

Z—G 偏离度 > 0，表明中职专业布点比率大于高职专业布点比率，反之中职专业布点比率小于高职专业布点比率；偏离度绝对值越小，表示中高职专业贯通适应性越好。总体来说，青岛中高职贯通培养的专业基础薄弱，偏离度小于 0 的专业大类占比 47.37%，对于能源动力与材料、装备制造、交通运输、电子与信息、医药卫生等青岛市重点发展产业对应的专业大类，中职专业布点稍显不足，中职院校向高职学校生源输送乏力。而对于农林牧渔、轻工纺织等农业和轻工业相关的中职专业布局过多，接续的高职专业布局缺乏，专业结构不适应，高层次人才不足，不利于打造乡村振兴齐鲁样板和改造纺织服装等青岛传统优势产业（见表 10）。

表 10　　　　　　　　2021 年青岛中高职学校 Z—G 偏离度情况

专业大类	Z—G 偏离度	专业大类	Z—G 偏离度
农林牧渔	4.25	交通运输	0.02
资源环境与安全	-0.45	电子与信息	-0.05
能源动力与材料	0.11	医药卫生	-0.22
土木建筑	-0.26	财经商贸	-0.15
水利	0	旅游	0.26
装备制造	0.19	文化艺术	0.16
生物与化工	-0.34	新闻传播	0.80
轻工纺织	2.87	教育与体育	-0.56
食品药品与粮食	0.47	公安与司法	-1.00
公共管理与服务	-0.08		

（二）青岛市职业教育贯通培养类型与规模分析

青岛所有公办中职学校均与对口合作高职开展了"三二连读"合作招生。2021 年青岛中职院校在校学生总数 9 万人，毕业生数 2.5 万人，70% 以上的中职学生升入高职、本科院校就读。青岛市 2022 年"三二连读"高职、五年一贯制高职招生计划中，35 个中职学校的 67 个专业与山东省内 37 个高职学校（其中青岛市 8 个高职学校）进行贯通培养，总计12490 个招生计划，约占当年中职毕业生总数的一半。青岛市职业学校与本科高校对口贯通分段培养试点分为"3＋2"试点（3 年高职＋2 年本科）、"3＋4"试点非师范类（3 年中职＋4 年本科）、"3＋4"试点师范类（3 年中职＋4 年本科）三类，2022 年青岛市 16 所职业学校开展与本科高校对口贯通分段培养试点，覆盖 24 个专业，主要集中装备制造大类、旅游大类、财经商贸大类，与青岛市区域经济优势与发展定位基本符合，衔接 12 所本科高校（其中青岛市 5 所）和 21 个本科专业，招生规模达 1300 人，在山东省内位居前列（见表 11）。

表 11　2022 年青岛市职业学校与本科高校对口贯通分段培养试点

招生类型	职业学校			衔接本科高校		招生规模（人）	生源范围
	学校名称	专业名称	专业大类	学校名称	本科专业名称		
"3＋2"试点	青岛职业技术学院	旅游管理	旅游大类	泰山学院	旅游管理	80	夏季高考
		应用化工技术	生物与化工大类	青岛农业大学	化学工程与工艺	80	夏季高考
	青岛港湾职业技术学院	轮机工程技术	交通运输大类	山东交通学院	轮机工程	40	夏季高考
		现代物流管理	财经商贸大类	青岛农业大学	物流管理	80	夏季高考
		机械制造及自动化	装备制造大类	青岛农业大学	机械设计制造及其自动化	80	夏季高考
	青岛酒店管理职业技术学院	酒店管理与数字化运营	旅游大类	山东工商学院	酒店管理	40	夏季高考
		烹饪工艺与营养	旅游大类	济南大学	烹饪与营养教育	40	夏季高考
		旅游管理	旅游大类	山东青年政治学院	旅游管理	40	夏季高考
	青岛远洋船员职业学院	航海技术	交通运输大类	山东交通学院	航海技术	40	夏季高考
	山东外贸职业学院	国际经济与贸易	装备制造大类	烟台大学	国际经济与贸易	80	夏季高考

续表

招生类型	职业学校			衔接本科高校		招生规模（人）	生源范围
	学校名称	专业名称	专业大类	学校名称	本科专业名称		
"3+4"试点非师范类	青岛电子学校	电气设备运行与控制	装备制造大类	青岛科技大学	电气工程及其自动化	40	青岛市
		计算机应用	电子与信息大类	青岛科技大学	计算机科学与技术	40	青岛市
	山东省轻工工程学校	机电技术应用	装备制造大类	青岛科技大学	电气工程及其自动化	40	青岛市
		数控技术应用	装备制造大类	青岛科技大学	机械工程	40	青岛市
		模具制造技术	装备制造大类	山东科技大学	过程装备与控制工程	40	青岛市
	青岛华夏职业学校	会计事务	财经商贸大类	青岛科技大学	财务管理	40	青岛市
		服装设计与工艺	轻工纺织大类	青岛科技大学	服装与服饰设计	35	青岛市
	青岛旅游学校	旅游服务与管理	旅游大类	青岛大学	旅游管理	30	青岛市
	青岛商务学校	物流服务与管理	财经商贸大类	青岛理工大学	物流管理	40	青岛市
	青岛西海岸新区职业中等专业学校	计算机平面设计	电子与信息大类	潍坊学院	数字媒体技术	40	青岛市
	青岛外事服务职业学校	国际货运代理	财经商贸大类	青岛理工大学	国际商务	40	青岛市
	青岛交通职业学校	汽车运用与维修	交通运输大类	青岛理工大学	汽车服务工程	40	青岛市
	青岛市城阳区职业教育中心学校	动漫与游戏制作	新闻传播大类	青岛农业大学	动画	35	青岛市
"3+4"试点师范类	山东省平度师范学校	小学教育	教育与体育大类	青岛大学	小学教育	100	青岛市
	青岛幼儿师范学校	幼儿保育	教育与体育大类	青岛大学	学前教育	100	青岛市
总计	16	24	9	12	24	1300	

四、增强职业教育区域产业适应性的对策建议

顺应新一轮科技革命和产业变革，职业教育以产业发展需求为逻辑起点，不断深化高素质技术技能人才供给侧改革势在必行。职业学校应立足现实基础和特色优势，明确发展目标，紧密对接区域产业发展布局，优化调整专业布局，注重专业设置与区域产业布局的匹配性，支撑产业

发展需求，助推新旧动能转换，持续推进专业高质量内涵发展（施南奇和张德文，2021）。

（一）搭建平台，绘制高素质技术技能人才供需谱系图

一是区域人力资源社会保障、教育等相关政府部门牵头，联合行业、企业、高校等多方资源，整合区域产业人才需求和学校技术技能人才供给的大数据，开发动态的共享型人才数据平台，完善智慧人力资源共享体系。二是依托区域职业教育行业教学指导管理机构，研究各行业区域"十四五"规划，组织各区域行指委专家力量研制并发布行业人才需求与专业设置指导报告，绘制省域和市域层面专业与产业发展的谱系图，为专业建设提供基本依据。三是瞄准需求，找准区域专业布局与产业发展的平衡点，从顶层设计上加强专业建设对国家战略和社会民生的贡献度以及对产业提质升级的支撑度，缓解区域技术技能人才供需的结构性矛盾，形成专业和产业统筹融合、良性互动的发展格局。

（二）因地制宜，建立以产业需求为导向的专业动态调整机制

一是在省域和市域层面，要切实履行专业布局对接区域产业的职责，依据技术技能人才供需大数据，统筹区域内职业学校专业设置，建立主动适应产业发展的专业动态调整机制。其中，省域层面重点统筹专科层次和本科层次高职学校的专业设置，充分考虑各地市产业发展状况，从体制机制层面系统提升高职学校服务当地经济发展的能力；市域层面重点统筹中职学校专业设置，增强中职学校与地方产业发展的匹配度，引导职业学校围绕地方优势产业、新兴产业和未来产业高质量发展需求增设"急需紧缺"专业。二是建立专业服务地区产业发展关联度和贡献度评估机制，制定专门的专业（群）考核评价指标体系，探索开展专业认证，以专业评价推动专业高质量发展。重点发展服务国家战略、服务社会民生、支撑产业提质升级的专业，针对生师比例失衡、同质化严重、

校企合作基础差的专业，建立淘汰机制。同时，探索分专业大类核算办学成本，适当提高装备制造、信息技术等专业大类生均经费标准。三是在学校层面，自觉主动适应区域产业发展，完善学期和年度专业考评机制，建立专业适应产业发展的校本考核指标体系，依托学校专业建设大数据平台，搭建专业发展动态数据库，实时观测专业发展的纵横向对比分析，动态公布预警和退出专业清单。同时以教学诊断与改进工作为重要抓手，常态化开展专业诊改，推动产业需求更好融入人才培养过程，提升专业内涵建设质量。

（三）系统改革，探索专业数字化转型升级新路径

落实新版专业目录和国家专业教学标准要求，以产业数字化转型升级为逻辑起点，引领职业教育数字化转型升级。具体来说，一是提升教师团队数字素养。要聚焦专业目标标准、培养路径、培养载体、培养模式和考核评价等方面，分专业构建"双师型"教师培养体系。依托教学能力比赛，提升教师教学设计实施、评价、信息技术应用能力。依托教学创新团队，探索实施教师分工协作的模块化教学。针对淘汰专业，系统做好教师培训，引导相关教师"转行"发展。二是推动课程迭代升级。实施课程系统改革工程，以课程思政为引领，聚焦课程标准体系、课程教学资源、课程教学模式、课程考核评价等维度，"一课一策"，系统推动课程数字化改革，校企双元合作开发一批活页式、工作手册式新形态教材。三是建设高水平数字化实训基地。深化产教融合、校企合作，与行业头部企业、产教融合型企业等优质企业合作，用好有关校企合作项目，在实训基地中植入企业实时经营（运营）数据，建成高水平智慧实训基地。同时积极与优质培训评价组织合作，发挥好职业技能等级证书效应，及时引入新技术、新技能、新标准，通过书证融通更新专业内涵。四是创新人才培养模式。在系统总结现代学徒制试点经验的基础上，结合区域产业特点，分专业研制现代学徒制专业标准、人才培养方案、课程标准等，构建中国特色现代学徒制标准体系，全面探索中国特色现代

学徒制,为区域经济社会发展培养更多"精英学徒"。

(四)集聚资源,建设契合区域产业链发展的专业群

在高质量发展背景下,产业链条式和集群化发展已成为产业发展的新常态,职业教育不断适应产业链发展,专业建设主体由专业向专业群转变亦是大势所趋。具体有以下几个方面:一是要进一步厘清专业组群逻辑。深入分析区域产业结构,结合学校专业结构布局,系统分析产业需求侧与技术技能人才培养供给侧的交集地带,以产业链、职业岗位(群)等为依托,关注教学资源共享度和学生就业面向相关度等,持续优化专业布局,逐步组建契合区域产业发展的专业群。二是发挥群内优势专业的核心作用,强化群内专业集聚和共享,发挥优质职业教育资源集约效应。要聚焦学生通用能力、关键岗位能力和职业迁移能力,系统化设计课程,模块化开展教学、项目化构建资源,在教学团队、课程体系、教学条件等方面真正实现共享共用,以优势专业带动专业群整体提质升级。三是推动产教深度融合,集中力量校企共建与地区战略新兴产业相契合的专业集群,形成校企命运共同体的职教生态圈,服务区域产业发展战略,为区域产业发展提供强有力的人才保证、科技支撑和智力支持,推动高校与企业、专业与产业双向赋能、双向服务、同频共振。

(五)统筹规划,构建贯通培养的现代职业教育体系

当前,区域中高本贯通培养的专业基础普遍薄弱,应以一体化设计为思路,搭建体系贯通、结构合理、衔接畅通的现代化职业教育体系。一是筑牢中职学校基础性地位。实施高水平学校和专业培育工程,夯实基础,推动中职学校提质培优。统筹高职与中职专业建设,打造中高职命运共同体,扩大"三二连读"和五年一贯制培养规模。根据区域经济社会发展情况,统筹学生就业和升学需求,因地制宜,实施好普职融通。二是坚持专科层次高职学校的主体地位。发挥好专科层次高职学校在现

代职业教育体系中承上启下的中坚作用，依托国家和省域层面实施的"双高计划"，强化内涵建设质量，建设专业办学品牌，持续培养区域发展急需的高素质技术技能人才。三是稳步发展本科层次职业教育。贯彻落实新《职业教育法》，结合区域职业教育发展情况，依据相关标准，积极申办实施本科层次高职学校，支持符合条件的专科层次高职学校部分专业申办本科层次职业教育，为构建中职、高职、本科层次贯通培养的现代职业教育体系奠定专业结构基础。

第二篇

支撑国家先进制造中心建设
——沈阳市职业教育"专业—产业"适应性研究报告

"十四五"期间，沈阳市职业教育发展面临的机遇与挑战并存。提升职业教育"专业—产业"适应性，是实现沈阳职业教育发展目标再定位、提升职业教育服务质量、提高职业教育吸引力的关键所在，也能进一步推进沈阳职业教育支撑国家先进制造中心建设。职业教育"专业—产业"适应性关乎技术技能人才供给、技术研发与成果转化、产业发展与转型升级等多个方面，提升职业教育适应性关系职业教育服务区域经济社会发展的有效性，也是促进城市发展和动能转换的重要抓手。根据本报告所构建的职业教育"专业—产业"适应性理论框架，结合布局、规模、层次、规格及效益五个维度对沈阳市职业教育"专业—产业"适应性进行分析，并基于当前存在的适应性问题，提出相应的对策建议。

一、"十四五"期间沈阳市职业教育发展机遇与挑战并存

中央办公厅、国务院办公厅《关于推动现代职业教育高质量发展的意见》明确提出要紧密对接产业升级和技术变革趋势，鼓励学校开设更多紧缺的、符合市场需求的专业，形成紧密对接产业链、创新链的专业体系。"十三五"期间，沈阳市职业教育紧紧围绕"东北区域中心城市"和新时代振兴发展的战略目标，坚持校企协同育人办学理念，优化办学

资源，加强体系建设，促进产教融合，深化"三教"改革，职业教育得到长足发展。现有职教集团 18 个，涵盖企业近 1000 家，与宝马、海尔、贝卡尔特、德科斯米尔等公司共同开设订单班 101 个，学生近万人。宝马公司在沈阳职业学校中订单培养 1500 名技术工人，成为产教融合校企合作的典范。沈阳市先后被批准为"产业转型技术技能人才双元培育试点项目"试点城市和辽宁省唯一"国家建设产教融合型试点城市"。职业教育已经成为沈阳市技术技能人才的重要来源。

当前，沈阳市职业教育主要存在以下问题：一是现代职教体系尚未完善。高职学校偏少，高技能人才培养规模不大；多元办学主体发展不均衡，企业举办职业教育或参与办学尚未普遍；社会对职业教育的认可尚有差距，巩固中职基础压力仍然较大。二是类型定位尚未突出。职业教育与普通教育协调、均衡发展尚有空间；纵向贯通尚未完善、横向融通亟须突破；契合类型特征的管理体制和运行机制尚未完善。三是产教融合尚待深化。职业教育主动对接产业发展的意识尚需加强，行业、企业在职业教育发展过程中的作用尚需强化，让学校和企业动起来、让双方人力资源活起来的机制尚待完善。四是教育教学质量仍需提高。双师型教师队伍建设有待加强，教学模式与方法有待进一步创新，质量保证体系有待完善，支持职业教育高质量发展的政策措施有待进一步实化、落地。

"十四五"期间沈阳市职业教育发展机遇与挑战并存。从机遇看，一是国家的高度重视。"职业教育与普通教育是两种不同教育类型，具有同等重要地位"，职业教育在整个教育体系和经济社会发展中的作用将日益突出。二是市场的紧迫需求。疫情催生下以信息、网络业为代表的"新经济"对人才的核心竞争力需求愈加激烈，职业教育的"人力资源"将更加影响未来经济社会发展走向。三是百姓的高度期盼。社会进步将推动家长社会价值观的理性回归，孩子未来发展的多样化选择将为职业教育带来巨大的发展空间。从挑战看，职业教育改革发展面临诸多重大课题。一是职业教育发展目标的再定位。沈阳市教育"十四五"期间的发展宗旨是打造"幸福教育"，围绕"幸福教育"，职业教育的职能就不再是简单的技术技能型人才供给，更多的是内化的品质感受，让企业有获得感、学生有成就感、家长有幸福感，"三感"打造是沈阳职业教育"十四五"期间的第一大挑战。二是职业教育服务质量再提升。围绕沈阳国家中心城市建设和"五型经济"628个场景项目的推进，职业教育跟得上、用得好，将良好的发展基础转化成经济社会发展的重要助力和支撑，形成高技术技能型人才有效供给是"十四五"间的第二大挑战。三是职业教育吸引能力再增强。未来五年，外来人口涌入趋缓，"少子化""老龄化"现状凸显，职业教育生源总量受到制约，提高育人质量，增强职业教育的适应性迫在眉睫。

二、沈阳市经济与职业教育发展状态

（一）沈阳市经济发展与产业结构变化趋势

沈阳是辽宁省辖地级市、省会、副省级市、特大城市、沈阳都市圈核心城市，国务院批复确定的中国东北地区的中心城市、中国重要的工业基地和先进装备制造业基地。截至2021年，全市下辖10个区、2个县，代管1个县级市，总面积12860平方千米。根据第七次人口普查数据，截至2020年11月1日，沈阳市常住人口为9070093人。沈阳地处中国东北地区南部、辽宁中部，是东北地区政治、经济、文化和商业贸易中心，长三角、珠三角、京津冀通往关外的综合交通枢纽和"一带一路"向东北亚、东南亚延伸的重要节点。2021年沈阳市全年地区生产总值（GDP）7249.7亿元，比上年增长7.0%。其中，第一产业增加值326.3亿元，增长4.2%；第二产业增加值2570.3亿元，增长7.8%；第三产业增加值4353.0亿元，增长6.7%。三次产业结构为4.5∶35.5∶60.0。全市人均地区生产总值79706元，比上年增长5.9%。

"十四五"期间，沈阳市将加快数字赋能、转型升级步伐，更加坚决地把先进制造业作为立市之本，始终如一发展壮大实体经济，当好"大国重器",建设国家先进制造中心。实施制造业倍增计划,做好改造升级"老字号"、深度开发"原字号"、培育壮大"新字号"三篇大文章,推进制造业产业链、价值链向高端迈进,到2025年,工业增加值年均增长7%以上。围绕重点创新链和重点领域关键核心技术攻关,实施先进材料、智能制造、数控机床、机器人、航空航天装备、新能源及智能汽车、IC装备、人工智能、医疗装备、生物医药、新能源和节能环保、现代农业等重点创新链的科技创新行动。建设国家新一代人工智能发展试验区,构建开放协同的人工智能科技创新体系,推动人工智能研发攻关、产品应用和产业培育三位一体协同发展,构建高效的人工智能创新生态。充分发挥互联网、大数据、人工智能等信息技术在制造业和服务业数字化、智能化、绿色化转型中的赋能引领作用,加快实体经济和数字经济融合发展,推进数字产业化、产业数字化,打造数字经济发展高地。到2025年,数字经济增加值占GDP比重达到48%。布局未来生产、未来交通、未来健康三大主导产业技术和未来信息技术、未来材料两大赋能产业技术,形成"3+2"未来产业技术体系结构。

深入实施盛京工匠培养等人才工程,健全"人才+项目+基地"机制。面向装备制造、智能机器人、电子信息、航空航天等优势产业和新兴产业,大力引进行业精英和专业技术人才,壮大大国工匠和职业技能人才,弘扬劳模精神、劳动精神、工匠精神,充分发挥各类先进模范人物示范引领作用。到2025年,每年引进高层次人才500人,专业技术人才总量达到115万人,技能人才总量达到80万人,高技能人才占技能劳动者的比重达到30%以上。

到2025年,沈阳将建成东北地区功能完善、辐射带动力强的重要中心城市。经济总量突破1万亿元,一般公共预算收入突破1000亿元,人口规模突破1000万人。到2035年,沈阳将建成国家战略布局中具有重要地位的中心城市;展望到2050年,全面建成具有国际影响力的现代化国家中心城市。

（二）沈阳市职业教育基本情况

近年来，沈阳市职普比保持在 48∶52 左右，在省内位居前列。紧密围绕沈阳市"五型经济"和 20 个主导产业群，完善专业建设动态调整机制，发布急需紧缺人才需求目录，给予 50 万 – 100 万元专业建设补贴资金；目前全市中职开设有 16 个大类专业、103 个专业、575 个专业点，基本覆盖"装备制造、汽车维修、医药卫生、信息技术和现代服务"等五大类专业群，在校生人数 35037 人，占高中阶段教育总在校生人数的42.79%。产教融合逐步向纵深推进，2021 年获批全省唯一"国家产教融合试点城市"，国家和省产教融合型企业 37 家；现有职教集团 19 个，涵盖企业近 1000 家，其中辽宁装备制造职教集团荣获国家首批示范集团；印发《沈阳市促进产教融合校企合作行动计划（2022 – 2023）》等支持产教融合发展文件 6 份，成立产教融合促进联盟。职业教育服务产业发展能力逐步增强，举办沈阳都市圈职业学校技能大赛，开展各类培训 2.8 万余人次，中职实际就业率达 94.96%，留沈就业占比 85% 左右，已成为经济社会发展的重要人力资源支撑。

（三）沈阳市职业学校分布情况

截至 2021 年底，沈阳市具有中等职业学历教育招生资质学校 76 所，含公办 45 所、民办 31 所，其中，国家级改革发展示范校 7 所；高职学校共计 16 所，中国特色高水平高职学校和专业建设计划建设单位 3 所，辽宁省高等职业教育兴辽卓越院校 10 所、辽宁省高等职业教育兴辽卓越专业群 53 个，另外招收专科层次职业教育专业的普通本科学校 7 所。沈阳市中高职学校在校生分别为 8.1 万人和 13.4 万人。从区域分布看，沈北新区为职业学校分布较为密集的区域，中高职分别达到 14 所和 7 所，其次是浑南区中高职分别达到 10 所和 2 所，和平区、沈河区、辽中区、新民市、康平县、法库县无高职学校，新民市、辽中区、法库县、康平县职业学校分布最少，分别仅有 2 所中职学校（见表 1）。

表 1　　　　　　2021 年沈阳市职业学校区域分布情况

类型	和平	沈河	大东	皇姑	铁西	苏家屯	浑南	沈北	于洪	辽中	新民	康平	法库	合计
中职（所）	5	4	6	9	7	3	10	14	10	2	2	2	2	76
高职（所）	0	0	1	2	1	2	2	7	1	0	0	0	0	16

（四）沈阳市职业学校专业设置情况

根据《职业教育专业目录（2021 年）》，2021 年沈阳 76 所中职学校共设有 16 个专业大类、108 个专业种类，覆盖率分别为 84.2% 和 30.2%，专业布点数 596 个，其中设置目录新增和更名专业的布点数 127 个，占比 21.3%。从学校设置情况看，中职学校设置的专业大类排名前三位分别是文化艺术大类（44 所）、教育与体育大类（32 所）、电子与信息大类（30 所），水利、公安与司法大类无中职学校设置。从专业布点来看，中职专业布点数排名前三位分别是文化艺术大类（141 个）、装备制造大类（97 个）、电子与信息大类（72 个），排名后三位分别是食品药品与粮食大类（1 个）、生物与化工大类（3 个）、土木建筑大类（6 个）（见表 2）。

表 2　　　　　　2021 年沈阳市职业学校专业大类设置分布情况

专业大类		农林牧渔	资源环境与安全	能源动力与材料	土木建筑	水利	装备制造	生物与化工	轻工纺织	食品药品与粮食	交通运输
中职	学校数（所）	7	3	0	1	0	23	1	6	1	28
	布点数（个）	12	8	0	6	0	97	3	7	1	53
高职	学校数（所）	1	3	2	7	1	7	0	2	4	9
	布点数（个）	11	12	3	45	3	79	0	4	12	40
$Z-G$ 偏离度		-0.15	-0.48	-1.00	-0.90	-1.00	-0.05	—	0.36	-0.94	0.03

续表

专业大类		电子与信息	医药卫生	财经商贸	旅游	文化艺术	新闻传播	教育与体育	公安与司法	公共管理与服务	合计
中职	学校数（所）	30	9	24	15	44	7	32	0	12	
	布点数（个）	72	48	46	38	141	10	39	0	15	596
高职	学校数（所）	10	2	13	8	8	2	8	0	6	
	布点数（个）	54	30	79	29	26	6	17	0	13	463
Z—G 偏离度		0.04	0.24	−0.55	0.02	3.21	0.29	0.78	—	−0.10	

根据《职业教育专业目录（2021 年）》，2021 年沈阳 16 所高职学校共设有 17 个专业大类、232 个专业种类，覆盖率分别为 89.5% 和 31.2%，专业布点数 463 个，其中设置目录新增和更名专业的布点数 109 个，占比 23.5%。从学校设置情况看，高职学校设置的专业大类排名前三位分别是财经商贸大类（13 所）、电子与信息大类（10 所）、交通运输大类（9 所），生物与化工、公安与司法大类无高职学校设置。从专业布点来看，高职专业布点数排名前三位分别是装备制造大类（79 个）、财经商贸大类（79 个）、电子与信息大类（54 个），排名后三位分别是能源动力与材料大类（3 个）、水利大类（3 个）、轻工纺织大类（4 个）。

沈阳职业学校在三次产业中专业设置特点鲜明，呈现出"三二一"专业结构，如表 3 所示，2021 年，高职学校设置与第一产业相关专业的布点数 11 个，占比 2.38%；第二产业专业布点数 212 个，占比 45.79%；第三产业专业布点数 240 个，占比 51.84%。中职专业布局结构特点则更为明显，第一、第二、第三产业专业占比分别为 2.01%、32.55%、65.44%。

表3　　　　2021 年沈阳职业学校专业三次产业布点情况

类型	专业布点数（个）			专业布点比率（%）		
	第一产业	第二产业	第三产业	第一产业	第二产业	第三产业
中职	12	194	390	2.01	32.55	65.44
高职	11	212	240	2.38	45.79	51.84

三、沈阳职业教育专业适应性情况

（一）教育层次与人才类型的适应性

"十四五"期间，随着沈阳建设国家先进制造中心，推进制造业产业链、价值链向高端迈进目标的推进，沈阳市职业教育需要强化内部适应性调整，推进中职与高职贯通式培养，在人才培养、培养目标、课程体系、管理考核等方面加强衔接，使人才培养类型要求与产业升级换代同频共振。贯通培养的逻辑起点在于专业结构，用专业布点偏离度（$Z—G$）分专业大类判定中高职专业结构适应性，以分析中高职贯通培养实现可能性，公式如下：

$$Z—G\ 偏离度 = \frac{中职专业布点比率}{高职专业布点比率} - 1$$

$Z—G$ 偏离度 >0，表明中职专业布点比率高于高职专业布点比率，反之中职专业布点比率低于高职专业布点比率，偏离度绝对值越小，代表中高职专业结构适应性越好。由表 2 可以看出，沈阳市职业学校 $Z—G$ 偏离度绝对值总体良好，中高职专业结构适应性适中，中高职贯通培养的专业基础较好。具体来看，农林牧渔、资源环境与安全、装备制造、轻工纺织、交通运输、电子与信息、医药卫生、旅游、新闻传播、公共管理与服务专业大类 $Z—G$ 偏离度均较低，全面覆盖第一、第二、第三产业，体现出沈阳市职业教育具有良好的贯通培养布局，能够提供较强的产业人才基础。而文化艺术、教育与体育等专业大类的 $Z—G$ 偏离程度偏高且为正值，表现较为合理，符合相关领域人才技能等级梯度上升特征。

（二）专业应然与产业实然的适应性

《职业教育专业目录（2021 年)》系统推进专业升级与数字化改造，

逐步由专业实然状态向更强适应性的应然状态递进。根据前面分析可以看出，2021 年沈阳市中高职学校专业布点数中新增和更名专业占比分别为 21.3% 和 23.5%，且专业和产业均呈现出"三二一"结构模式，说明沈阳市职业学校专业布局的应然形态一定程度上顺应了区域产业发展的实然需求。进一步地，用专业—产业偏离度（$Z—C$）判定专业结构与产业结构的适应性，公式如下：

$$Z—C\,偏离度 = \frac{专业布点比率}{产业\,GDP\,比率} - 1$$

$Z—C$ 偏离度 >0，表明职业学校专业布点比率高于产业 GDP 比率，反之专业布点比率低于产业 GDP 比率，偏离度绝对值越小，代表专业结构与产业结构适应性越好，计算结果如表 4 所示。可以看出，沈阳市职业学校专业结构与产业结构适应性总体上良好，2021 年三次产业之比为 4.5∶35.5∶60.0，中职专业设置的产业比重为 2.01∶32.55∶65.44，$Z—C$ 偏离程度分别为 −0.55、−0.08、0.09，$Z—C$ 偏离度绝对平均值 0.24，第一产业的适应性较差，第二、第三产业偏离度绝对值合理，沈阳市作为老工业基地，近年来大力发展数字产业和现代服务业，第二产业和第三产业呈现齐头并进态势，除第一产业外，中职学校专业设置与产业结构较为匹配；高职专业设置的产业比重为 2.38∶45.79∶51.84，$Z—C$ 偏离程度分别为 −0.47、0.29、−0.14，$Z—C$ 偏离度绝对平均值 0.3，相对于中职学校，高职学校第一产业专业设置过少且适应性较差，第二产业专业设置多、第三产业专业设置少，适应性一般，同时存在偏离度绝对值偏大的问题（见表 4）。

表 4　　　　　　　2021 年沈阳职业学校 $Z—C$ 偏离情况

类型	产业结构比重（%）	专业结构比率（%）		$Z—C$ 偏离度	
		中职	高职	中职	高职
第一产业	4.5	2.01	2.38	−0.55	−0.47
第二产业	35.5	32.55	45.79	−0.08	0.29
第三产业	60.0	65.44	51.84	0.09	−0.14
$Z—C$ 偏离度绝对平均值				0.24	0.3

（三）供给内环境与需求外环境的适应

新发展理念下实现职业教育高质量发展的关键在于基于内环境的供给侧结构性改革，加强专业布局结构调整，提升供给体系的水平和质量，更好适应、引领和创造区域产业外环境新需求。以沈阳高职学校专业布局为例，将 2013 年以来部分专业大类布点比率与产业比率进行相关性分析，相关系数越大，代表专业结构供给与产业结构需求动态适应性越好，结果如表 5 所示。可以看出，财经商贸、装备制造、医药卫生、教育与体育、轻工纺织、交通运输、公共管理与服务等专业大类与相关产业具有显著的相关性，说明随着区域产业结构演进，这些专业能主动对接产业变化优化专业布局，专业结构供给与产业结构需求动态适应情况较好；文化艺术、电子与信息、土木建筑、旅游、生物与化工、农林牧渔、资源环境与安全等专业大类与相关产业不具备相关性或相关显著性较弱。

表 5　　　　部分专业大类布点比率与产业比率 Pearson 相关系数

类型	财经商贸	文化艺术	电子与信息	装备制造	医药卫生	教育与体育	轻工纺织
第一产业	0.76 *	0.561	− 0.107	− 0.7 *	− 0.714 *	0.651	− 0.739 *
第二产业	0.875 **	0.251	0.403	− 0.367	− 0.959 **	0.798 **	− 0.833 **
第三产业	− 0.881 **	− 0.266	− 0.389	0.383	0.962 **	− 0.803 **	0.84 **

类型	土木建筑	旅游	交通运输	生物与化工	农林牧渔	公共管理与服务	资源环境与安全
第一产业	0.059	− 0.42	− 0.816 **	− 0.381	0.102	0.694 *	− 0.082
第二产业	− 0.281	− 0.648	− 0.931 **	0.032	− 0.047	0.656	− 0.092
第三产业	0.272	0.648	0.938 **	− 0.017	0.042	− 0.665	0.093

注：* $p < 0.05$，** $p < 0.01$。

四、沈阳职业教育办学条件适应性情况

2022 年国务院《政府工作报告》中明确提出"改善职业学校办学条件",《职业教育提质培优行动计划（2020—2023 年）》中要求"职业学校教学条件基本达标",教育部职业教育与成人教育司 2022 年工作要点中明确会同相关部门实施"中职学校办学条件达标工程"。职业学校办学条件优劣是体现职业教育类型定位和适应性的重要指标，也是办好人民满意的职业教育的关键指标。

（一）沈阳市中职学校办学条件适应性情况

沈阳市现有中职学校中，一般类中职学校 44 所，体育类中职学校 2 所，艺术类中职学校 15 所，其他为已停招或拟撤销合并的中职学校。根据学校分类达标标准，统计出沈阳市各区内中职院校相关指标不达标学校数量如表 6 所示。

表6　　　　沈阳市各区中职学校不达标指标学校数量统计　　　单位：所

区域	校园占地面积	生均用地面积	校舍建筑面积	生均校舍建筑面积	专任教师数	生师比	专业教师占本校专任教师数百分比	仪器设备总值	生均仪器设备值	生均图书	每百名学生计算机台数	总计
和平	1	1	1	1	1	1		1	1	2	1	11
沈河		1	1	1	1			1	1	2	1	10
大东		2	2	2	2	1		1	1	2	1	14
皇姑	1	5	7	6	7	6	2	6	6	8	4	58
铁西			4		6	1		5	2	5	1	29
苏家屯												0
浑南					1							1
沈北			3	1	1	3		4	4	5	2	23
于洪		2	2		3	2		2	2	1	1	16

续表

区域	校园占地面积	生均用地面积	校舍建筑面积	生均校舍建筑面积	专任教师数	生师比	专业教师占本校专任教师数百分比	仪器设备总值	生均仪器设备值	生均图书	每百名学生计算机台数	总计
辽中		1		1						1		3
新民	1	1	1		1					1	1	7
康平	1	1	1							1		4
法库			1		1		1			1		4
总计	2	14	23	15	23	15	10	20	17	29	12	180

可见，皇姑、铁西、沈北三个市内区中职学校不达标情况相对集中，不达标指标主要是校舍面积、专任教师、生均图书、仪器设备总值等，主要原因：一是部分中职学校设立时是按此前标准设立的，当时对土地和建筑面积标准要求远低于2010年国家标准，市内城区土地购置、校舍建设难度较大。二是部分中职院校长期以来，投入不足，基础薄弱。三是部分中职院校规模小，师资、图书等教学资源不足。

（二）沈阳市高职学校办学条件适应性情况

沈阳市现有高职学校中，综合、师范、民族类院校4所，工科、农、林类院校6所，医学类院校1所，语文、财经、政法类院校3所，艺术类院校1所。根据院校分类达标标准，统计出沈阳市各区内高职学校相关指标不达标学校数量如表7所示。

表7　　　　　沈阳市各区高职学校不达标指标学校数量统计　　单位：所

区域	生师比	具有研究生学位教师占专任教师的比例（%）	生均教学行政用房面积（平方米/生）	生均教学科研仪器设备值（元/生）	生均图书册数（册/生）	总计
大东	1		1		1	3
皇姑	1		1	1	1	4
铁西	1					1

续表

区域	生师比	具有研究生学位教师占专任教师的比例（％）	生均教学行政用房面积（平方米/生）	生均教学科研仪器设备值（元/生）	生均图书册数（册/生）	总计
苏家屯	2		2		2	6
浑南	1				1	2
沈北	7		7		7	21
于洪	1		1		1	3
总计	14		12	1	13	40

通过对各高职学校调研数据的汇总分析，目前，在沈高等职业学校未达标的指标主要集中在生师比、生均教学行政用房面积、生均图书数量三个方面。总体来看，由于近三年高职扩招导致部分生均指标数值下降，未能达标，扩招生源毕业后达标状况将有所好转。

五、沈阳市高职学校适应社会需求能力情况

通过对在沈高职学校适应社会需求能力的调研分析，在沈高职学校适应社会需求能力情况如表 8 所示。

表 8　　　　沈阳市高职学校适应社会需求能力情况统计（平均值）

生均校内实践教学工位数（个）	双师型教师比例（％）	企业订单学生的占比例（％）	企业提供的校内实践教学设备值（万元）	政府购买服务到款额（万元）	技术服务到款（万元）
0.51	58.4	4.43	297.63	126.4	156.8

由数据可见，生均校内实践教学工位数明显偏低，在沈高职学校实训教学条件亟待完善。"双师型"教师比例尚可，企业提供的校内实践教学设备值和企业订单学生占比明显偏低，产教融合、校企合作能力仍有待加强。政府购买服务到款额和技术服务到款两项指标偏低，在沈高职

学校在服务政府需求和社会需求方面适应性较弱。

六、沈阳市职业学校学生就业适应性情况

（一）在沈高职学校学生就业去向适应性

通过对在沈高职学校 2021 年就业情况的分析，在沈高职学校学生就业适应性情况如表 9 所示。

表 9　　　　沈阳市高职学校就业适应性情况统计（平均值）

本地市就业比例（%）	本省市就业比例（%）	对口就业比例（%）	创业比例（%）	专升本比例（%）	留学比例（%）
52.8	75.5	72.2	0.07	12.53	0.05

由数据可见，本地市、本省市及对口就业比例较高，适应性较好。2021 年，中共中央办公厅、国务院办公厅印发的《关于推动现代职业教育高质量发展的意见》中明确"到 2025 年，职业本科教育招生规模不低于高等职业教育招生规模的 10%"，目前沈阳市尚无学校招收职业本科专业学生，从专升本比例达到 12.53% 来看（录取专业均为普通本科专业），沈阳市高等院校开设职业本科专业潜力巨大，也侧面反映职业教育止步于专科的"天花板"现象在沈仍较为突出，沈阳市高质量职业教育体系建设适应性不强。创业比例和留学比例仅不到 0.1%，可见在沈高职学校学生创新创业能力有待加强，在沈高职学校开放办学和国际交流合作能力需进一步提升。

（二）在沈高职学校各产业人才供给情况

根据 2021 年在沈高职学校就业数据，各产业人才供给情况如图 1 所示。可以看出，建筑业、制造业、信息技术服务业、交通运输业等产业

人才供给情况居前列。结合此前分析，在沈高职学校应适当增设土木建筑大类相关专业。国际组织、采矿业、水利、环境和公共设施管理业人才供给较少，侧面反映出在沈高职学校办学开放性和国际化水平不足，省内资源环境类产业技术技能人才供给有待进一步提升。

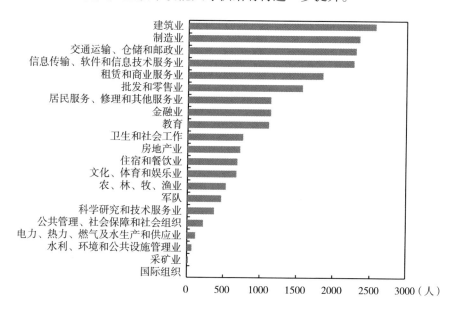

图1　在沈高职学校各产业人才供给情况（2021年）

七、沈阳市高职学校服务区域经济发展战略适应性情况

"构建以国内大循环为主体、国内国际双循环相互促进的新发展格局"是党中央根据当前国内经济发展新阶段及国际国内环境变化做出的重要战略举措，在新发展格局下高职教育承担着服务区域经济发展，创新人才培养、储备人力资源，实现不同层次教育需求、改善民生服务，提升开放水平、促进科技创新等历史使命。"十四五"期间，辽宁省将围绕构建以沈阳、大连"双核"为牵引的"一圈一带两区"区域发展格局，进一步完善区域政策和空间布局，健全区域协调发展体制机制，发挥比较优势，促进要素合理流动和高效集聚，加快建设沈阳中心城市，科学

谋划区域内各市功能定位和产业布局，推动发挥各自优势，促进区域协调发展。因此，在沈高职学校应立足服务区域经济发展战略，主动作为，优化专业布局结构，加大人才供给规模和质量。

（一）服务结构调整"三篇大文章"战略

"十四五"期间，辽宁省将在做好结构调整"三篇大文章"上取得新突破，辽宁振兴首先是工业振兴，工业振兴就必须做好改造升级"老字号"、深度开发"原字号"、培育壮大"新字号"三篇大文章，这是今后一个时期辽宁产业结构调整的主攻方向。辽宁将把发展经济着力点放在实体经济上，促进先进制造业和现代服务业深度融合，培育壮大精细化工、冶金精深加工和战略性新兴产业等先进制造业集群，明确汽车、机床、精细化工、机器人等18个重点产业链工程及重点行业目标，确保支撑高质量发展的现代产业体系建设取得重大进展。在沈高职学校专业设置服务结构调整"三篇大文章"情况如图2所示，整体来看，在沈高职学校专业设置服务"三篇大文章"战略情况较为理想，但在原材料深度开发和传统行业改造升级方面专业布点尚不够充分，尤其是在压缩机产业链、烯烃产业链、芳烃产业链相关专业设置方面还需要加强，服务新兴技术相关产业链如机器人产业链、生物医药产业链、航空装备产业链相关专业布点数量较为充分。

（二）服务"五大安全"战略

维护国家国防安全、粮食安全、生态安全、能源安全、产业安全，是习近平总书记赋予东北的战略使命，辽宁省认真贯彻落实习近平总书记重要指示精神，把维护国家"五大安全"作为重要政治任务，作为推动辽宁全面振兴、全方位振兴的重大机遇，统筹发展，不断提升维护国家"五大安全"的能力，更好地服务和融入新发展格局。同时，在履行维护国家"五大安全"战略使命中挖掘市场潜力、改善供给质量，努力为构

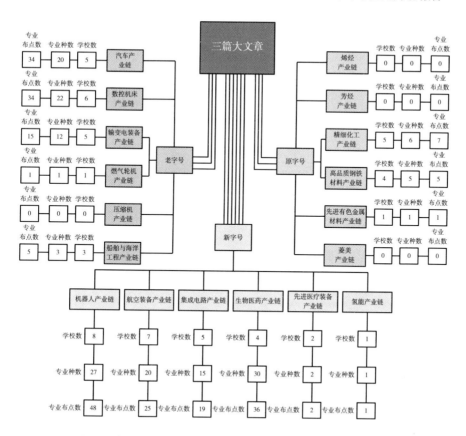

图2 在沈高职学校专业设置服务结构调整三篇大文章情况

建新发展格局贡献辽宁力量。在沈高职学校专业设置服务国家五大安全战略情况如表10所示，在沈高职学校较好地通过服务区域内相关产业进而服务国家安全战略，支撑国家战略安全也可作为评价职业教育贡献度的一个新的维度。

表10 在沈高职学校专业设置服务国家五大安全战略情况

战略内容	学校数（所）	专业种类（个）	专业布点数（个）
维护国防安全	9	63	74
确保粮食安全	6	18	20
巩固生态安全	7	52	60
保障能源安全	5	25	30
夯实产业安全	13	184	305

综上所述，在沈高职学校在服务区域经济发展和国家战略安全方面具有较好的适应性，在沈高职学校应紧跟辽宁省传统产业升级、原材料深度开发的步伐加快专业布局结构调整和专业内涵升级，加大开放办学力度，在支撑服务国家战略使命中挖掘办学突破口，进一步提升供给质量。

八、增强职业教育区域产业适应性的对策建议

（一）优化沈阳市职业教育供给结构

完善构建中等职业教育、高职专科、职业本科教育纵向贯通的培养体系。实施初中毕业生起点的中职—高职"3+3"、中职—高职—本科"3+2+2"及五年一贯制等贯通培养，打通中职升职教本科，实现中职、高职专科、职教本科有效衔接，打通技术技能人才成长通道。按照专业大致对口原则，指导应用型本科学校、职业本科学校按核定计划招收更多中高职毕业生。

围绕"一圈一带两区"区域发展格局、"数字辽宁、智造强省"建设，以及结构调整"三篇大文章"需求，优化职业教育专业结构，大力发展适应新技术和产业变革需要的职业教育。优先发展高端装备制造、生物医药、节能环保等战略性新兴产业急需的一批专业，加快建设学前、护理、康养、家政等一批人才紧缺专业，改造升级钢铁冶金、石油化工、材料工程等一批传统专业，撤并淘汰供给过剩、就业率低、职业岗位消失的专业，形成紧密对接产业链、创新链的专业体系。加大专业建设统筹力度，编制产业结构动态调整报告、行业人才就业状况和需求预测报告，开展高等职业教育专业评估。办好面向农村的职业教育，加快培养乡村振兴人才。

（二）进一步改善职业学校办学条件

建立职业学校办学条件达标协调机制，由教育行政部门牵头，会同发改委、财政、自然资源、住房和城乡建设等部门，加快出台职业学校办学条件达标配套政策，为有效配置土地、财政、编制等公共资源，实现办学条件达标提供制度保障。将职业学校办学条件达标情况纳入政府履行教育职责评价和职业教育改革成效明显激励考核。在安排现代职业教育质量提升计划专项资金时，将达标工作作为重要考虑因素。对不达标的学校采取通报、调减招生计划等办法督促学校按期达标。

（三）完善沈阳市职业教育多元治理机制

构建政府统筹管理、行业企业积极举办、社会力量深度参与的多元办学格局，健全学校国有资产评估、产权流转、权益分配、干部人事管理等制度，完善多元主体参与的治理结构。政府应统筹职业教育和人力资源开发的规模、结构和层次，将产教融合列入本地区经济社会发展总体规划。支持企业通过多种形式参与举办高质量职业教育。支持和规范行业企业与职业学校共建股份制、混合所有制职业学校、产业学院。鼓励职业学校与社会资本共建职业教育基础设施、实训基地。

（四）丰富沈阳市职业学校办学形态

将产教融合、校企合作作为基本办学模式纳入学校章程，完善工作量计算、绩效分配等激励措施，激发教师参与校企合作的主动性、积极性。推进职业教育与行业企业共建技术技能创新平台、专业化技术转移机构和众创空间等科技企业孵化载体，促进创新成果和核心技术产业化。通过"引校入企""引企入校"，推动高等职业学校与产业园区、企业共建共管产业学院、企业学院、实习实训基地、培养培训基地，广泛开展订单、定制人才培养。

推动企业深入参与职业学校人才培养和教育教学改革，开放优质实训资源。开展示范性职工培训基地和职业培训学院建设，推动职业学校提升培训能力。提升职业学校与行业领军企业共建实体化职教集团（联盟），与产业园区或中小微企业"抱团"组建跨企业培训中心。在沈阳市全面推广中国特色学徒制。

（五）深化"三教"改革和数字化升级改造

充分落实职业学校招聘自主权，健全固定岗与流动岗相结合、校企互聘兼职的教师管理制度。完善"岗课赛证"综合育人机制，支持校企联合开发一批活页式、工作手册式优质教材。推动以学生为中心的课堂革命，深入开展项目教学、模块教学、情境教学、理实一体教学等新型教学模式改革，推行弹性学习和学分制改革。加快职业学校数字基础设施建设，打造新型智慧校园。加快专业数字化升级改造，推进数字化产教融合建设。深化教育教学数字化改革，推进现代信息技术与教育教学深度融合，积极运用大数据分析教学过程，实现个性化教与学。

（六）深入推进沈阳市职业教育开放办学

充分发挥在沈职业学校资源优势，面向社会广泛开展职业技能培训，承担更多政府补贴性培训任务。推动在沈职业学校与行业企业、社区合作共建职业培训学院。支持行业开展技术技能人才培养培训，鼓励企业推行终身职业技能培训和在岗继续教育制度。

加大中外合作办学力度，有序吸引境外高水平职业学校来沈合作办学。加强与国外高水平职业教育机构和组织开展学术研究、标准研制、学分互认、师生交流等项目合作；对接"走出去"企业，积极服务国际产能合作，实施跨境人才培训，培养当地知华友华，熟悉中国标准、中国技术、中国产品的技术技能人才。把职业教育纳入沈阳市对外开放总体规划。推进与"一带一路"沿线国家师资、资源、标准共享,逐步形成教师互动、学生互派的双向交流机制。支持"一带一路"沿线国家或企业海外分公司的人才订单式培养,支持职业学校学生海外实习实训,支持职业学校协同本省在境外企业、学校联合开展培养培训。积极探索实施在沈职业学校"鲁班工坊"与"中文 + 职业教育"特色项目,构建深度融入"一带一路"的职业教育育人机制。

第 三 篇

→ **助力广州国家中心城市建设**

——广州市职业教育"专业—产业"适应性研究报告

一、问题提出

职业教育作为一种与普通教育同等重要的教育类型，与经济社会发展紧密相连，其生存与发展的根本在于要主动适应区域产业发展需要。新修订的《中华人民共和国职业教育法》（2022 年）第三条把"增强职业教育适应性"纳入其中，凸显了适应性在职业教育发展中的重要地位及发展导向。适应是指"个体随环境的变化而变化，调节自身同时，又反作用于环境互动过程"，包括感觉适应、认知适应和社会适应，而社会适应是指"个体在社会环境变化时，改变自己的观念和行为方式以与社会环境相适应的过程"。职业教育"适应性"指职业教育根据经济社会发展现实需要与未来趋势及学生发展需要，适时、主动地改变自身的办学理念、办学模式、教育教学方式等，以适合外部环境变化的过程。职业教育适应性具有"动态性、针对性和超前性"等特征（曾气奇，2004）。职业教育的适应对象包括两个方面，一是经济社会发展；二是学生发展。因此，提高职业教育适应性必须从两处用力，一处是调整优化职业学校的专业布局，实现专业链与产业链紧密对接，使人才培养的数量、质量、结构、层次、规格符合经济发展的要求，以提高职业教育的经济社会适应能力；另一处是加强教师教育教学改革，提高职业教育教学质量，以适应学生成长成才的发展需要。《中华人民共和国职业教育法》（2022 年）

第三十六条规定了职业学校的五项办学自主权，其中之一就是"根据产业需求，依法自主设置专业"。专业与产业契合有助于职业教育不断适应经济社会对技术技能人才结构、规格和质量的要求，是职业教育高质量发展的重要保障。广州作为国家中心城市和国家产教融合试点城市，近年来，职业教育发展取得了突出成果。对广州市①职业教育区域适应性研究不仅有助于政府制定相应政策，宏观掌控高职发展趋势，也有助于各高职学校主动适应市场需求，调整优化专业布局，提高自身适应力，对其他城市的专业发展也具有代表性、可复制性和推广性。依据本报告构建的职业教育"专业—产业"适应性分析框架，从布局、规模、层次、规格及适应效益五个维度对广州市职业教育适应区域产业发展的情况进行分析，可以发现，近年来，广州市高等职业教育立足现实基础和特色优势，紧密对接产业发展布局专业结构，注重专业设置与区域产业布局的匹配性，较好地支撑产业发展需求，职业教育适应性逐步增强，但同时也存在重复设置专业等现象，专业动态调控机制尚未成熟等问题，亟须立足职业教育的类型特征和发展规律进一步加强研究、引导与调控。

二、广州市经济发展与高职教育基本情况

（一）广州市经济发展与产业结构

广州是国际大都市、国际商贸中心、国际综合交通枢纽、国家综合性门户城市。近年来，广州以新发展理念推动经济社会高质量发展，2021 年，广州市 GDP 为 28231.97 亿元，位列全国城市第三位，其中，第一、第二、第三产业增加值分别达到 306.41 亿元、7722.67 亿元、

---

① 本研究对象为注册地址在广州市辖区内的高职院校，包括广东省属及广州市属高职院校。

20202.89 亿元，三次产业之比为 1.09：27.35：71.56。全年规模以上汽车制造业、电子产品制造业和石油化工制造业三大支柱产业工业总产值增长 6.0%，占全市规模以上工业总产值的 50.3%。其中，汽车制造业增长 4.4%，电子产品制造业增长 13.5%，石油化工制造业下降 2.0%。先进制造业增加值比上年增长 7.2%，占规模以上工业增加值的比重为 59.3%。其中，高端电子信息制造业增长 30.4%，生物医药及高性能医疗器械行业增长 18.7%，先进装备制造业增长 2.1%，先进轻纺制造业增长 6.5%，新材料制造业增长 5.0%，石油化工业下降 0.4%。装备制造业增加值比上年增长 9.5%，占规模以上工业增加值的比重为 48.6%①。广州"十三五"经济发展呈现了如下特点：一是第三产业成为经济增长"主角"，第三产业占比由 2015 年的 65.51% 提高到 2020 年的 72.51%，总量规模位居全国第三位。产业发展形成了汽车、电子、石化、电力热力制造等 4 个产值超千亿元的工业集群，批发零售、房地产、金融、信息服务、交通运输、租赁和商务服务等 6 个增加值超千亿元的服务业集群。二是先进制造业产值不断提升。2020 年，全市高新技术产品产值占规模以上工业总产值比重 50.0%，比 2015 年提高 5.2 个百分点，"十三五"期间年均增长 6.4%。先进制造业发挥引领作用，实现增加值占规模以上工业增加值的比重为 59.7%，比 2015 年提高 5.4 个百分点，"十三五"期间年均增长 6.3%；高技术制造业发展壮大，实现增加值占规模以上工业增加值的比重为 15.5%，比 2015 年提高 3.8 个百分点，"十三五"期间年均增长 10.1%（见图 1）。三是新兴产业发展迅猛，逐步成为推动经济向高质量发展的重要力量。"十三五"期间，广州培育了生物医药与健康、文化创意与设计两大增加值规模超千亿元新兴产业集群。2020 年，受疫情影响，生物医药与健康、节能和新能源、轨道交通等全市 8 大新兴产业增速受阻但仍以快于地区生产总值的速度增长，对经济起到较强的支撑作用，合计实现增加值 6757.15 亿元，同比增长 3.7%。互联网、软件和信息技术服务业营业收入从 2015 年的

---

① 《广州市国民经济和社会发展统计公报（2021）》。

779.20 亿元扩大至 2020 年的 3515.13 亿元，年均增长 25.6%。信息传输软件和信息技术服务业增加值占地区生产总值的比重从 2015 年的 3.1% 提升至 2020 年的 6.4%。

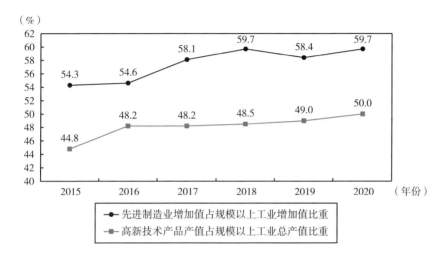

图 1　2015 – 2020 年先进制造业增加值和高新技术产品产值占规模以上工业比重

"十四五"期间广州将立足新发展理念要求，把发展经济着力点放在实体经济上。在质量效益明显提升的基础上实现经济持续健康发展，经济结构更加优化，产业基础高级化和产业链现代化水平明显提高，先进制造业实现重大突破，率先探索建立与数字经济发展相适应的新经济制度体系，现代化经济体系建设取得重大进展，打造新发展阶段高质量发展典范。地区生产总值年均增长 6% 左右；到 2025 年，地区生产总值约 3.5 万亿元，全员劳动生产率提高到 26 万元/人，数字经济核心产业增加值占地区生产总值比重达 25%。构建产业协同创新生态系统，重点打造先进装备制造、汽车、新一代信息技术、生物医药与健康等万亿元级产业集群。规划投资 1058 亿元建设国铁干线，投资 1356 亿元建设城市轨道交通[①]。广州"十四五"期间经济发展体现如下趋势：一是发展壮大战略性新兴产业，把其作为经济工作的"首要工程"，使其成为经济高质量发

---

① 《广州市国民经济和社会发展第十四个五年规划和 2035 年远景目标纲要》。

展的重要支撑。全力打造新兴支柱产业，将新一代信息技术、智能与新能源汽车、生物医药与健康产业打造成为新兴支柱产业，促进新一代信息技术产业赋能智能与新能源汽车、生物医药与健康产业；加快发展新兴优势产业，推动智能装备与机器人、轨道交通、新能源与节能环保、新材料与精细化工、数字创意等新兴优势产业加快发展；前瞻布局发展未来产业，大力发展量子科技、区块链、太赫兹、天然气水合物、纳米科技等前沿产业。二是推动先进制造业高质量发展，打造具有国际竞争力的先进制造业集群。实施广州制造"八大提质工程"，保持制造业比重基本稳定，发展壮大高技术制造业，推动"广州制造"向"广州智造"升级，推动汽车、电子、石化等传统优势产业智能化、高端化、绿色化发展，向智能与新能源汽车、新一代信息技术、新材料与精细化工等战略性新兴产业、高技术制造业迭代升级。

（二）广州市高等职业学校专业设置情况

截至 2021 年底，广州市高等职业学校共计 47 所①。其中，本科 1 所（广州科技职业技术大学），中国特色高水平高职学校建设单位 2 所，国家高水平专业（群）建设单位 7 所。公办职业学校 32 所（其中市属高校8 所），民办职业学校 15 所。另外，招收专科层次职业教育专业的普通本科学校 21 所。

根据《职业教育专业目录（2021 年）》，2021 年广州市高校共设有全部 19 个专业大类、89 个专业种类，覆盖率分别为 100% 和 91.75%，专业布点数 3039 个。

从专业大类来看，设置专业大类学校数排名前四位分别是教育与体育大类 59 所、财经商贸大类 57 所、电子与信息大类 57 所、文化艺术大类 54 所；设置专业大类学校数排名后四位分别是能源动力与材料大类 13 所、农林牧渔大类 10 所、生物与化工大类 9 所、水利大

---

① 教育部：《全国普通高等学校名单》（截至 2022 年 5 月 31 日）。

类 2 所（见图 2）。

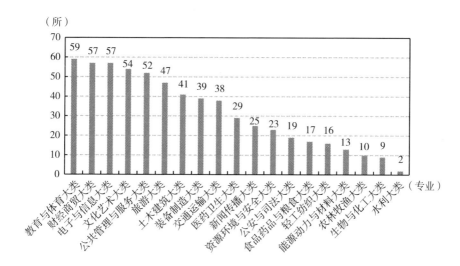

图 2 广州市高等职业教育专业大类设置学校分布

从专业覆盖率看，广州市高等职业学校专业覆盖率总体水平较高，总体有效支撑区域产业发展。共有 26 所院校专业覆盖率超过 50%，占全部院校的 55.32%，最高是广东轻工职业技术学院（84.21%），其次是广州城市职业学院（73.68%）。5 所院校专业覆盖率低于 20%，占全部院校的 10.64%。

专业聚集度越高越能集中办学资源，凸显办学优势，体现办学特色，办学效益越高。从专业聚集度看，聚集度在 6.00 以上的，有 7 所学校，占 14.89%；聚集度在 5.99～5.00 的，有 9 所学校，占 19.15%；聚集度在 4.99～4.00 的，有 17 所学校，占 36.17%；聚集度在 3.99 以下的，有 14 所学校，占 29.79%（见表 1）。

表 1 　　　　　　　　　广州市高等职业学校专业一览

序号	学校名称	专业数（个）	专业大类数（个）	专业覆盖率（%）	聚集度
1	广东轻工职业技术学院	84	16	84.21	5.25
2	广州城市职业学院	51	14	73.68	3.64
3	广东科贸职业学院	54	13	68.42	4.15

续表

序号	学校名称	专业数（个）	专业大类数（个）	专业覆盖率（%）	聚集度
4	广东岭南职业技术学院	47	13	68.42	3.62
5	广州科技职业技术大学	45	13	68.42	3.46
6	广州华夏职业学院	64	12	63.16	5.33
7	广东工程职业技术学院	58	12	63.16	4.83
8	广州珠江职业技术学院	53	12	63.16	4.42
9	广东生态工程职业学院	46	12	63.16	3.83
10	广州东华职业学院	41	12	63.16	3.42
11	私立华联学院	40	12	63.16	3.33
12	广东科学技术职业学院	57	11	57.89	5.18
13	广州华商职业学院	56	11	57.89	5.09
14	广东交通职业技术学院	55	11	57.89	5.00
15	广州南洋理工职业学院	52	11	57.89	4.73
16	广州城建职业学院	52	11	57.89	4.73
17	广东南华工商职业学院	50	11	57.89	4.55
18	广东水利电力职业技术学院	49	11	57.89	4.45
19	广东农工商职业技术学院	49	11	57.89	4.45
20	广东机电职业技术学院	48	11	57.89	4.36
21	广州华立科技职业学院	48	11	57.89	4.36
22	广东理工职业学院	42	11	57.89	3.82
23	广州涉外经济职业技术学院	39	11	57.89	3.55
24	广州番禺职业技术学院	52	10	52.63	5.20
25	广州松田职业学院	34	10	52.63	3.40
26	广东工贸职业技术学院	46	9	47.37	5.11
27	广州华南商贸职业学院	39	9	47.37	4.33
28	广东省外语艺术职业学院	62	8	42.11	7.75
29	广东建设职业技术学院	49	8	42.11	6.13
30	广东食品药品职业学院	48	8	42.11	6.00

续表

序号	学校名称	专业数（个）	专业大类数（个）	专业覆盖率（%）	聚集度
31	广州铁路职业技术学院	39	8	42.11	4.88
32	广州科技贸易职业学院	29	8	42.11	3.63
33	广州工程技术职业学院	27	8	42.11	3.38
34	广东文艺职业学院	38	7	36.84	5.43
35	广东女子职业技术学院	36	7	36.84	5.14
36	广州现代信息工程职业技术学院	31	7	36.84	4.43
37	广东行政职业学院	29	7	36.84	4.14
38	广东舞蹈戏剧职业学院	34	5	26.32	6.80
39	广州民航职业技术学院	23	5	26.32	4.60
40	广东青年职业学院	12	5	26.32	2.40
41	广东司法警官职业学院	16	4	21.05	4.00
42	广州体育职业技术学院	12	4	21.05	3.00
43	广东邮电职业技术学院	20	3	15.79	6.67
44	广州卫生职业技术学院	18	2	10.53	9.00
45	广州康大职业技术学院	8	2	10.53	4.00
46	广州幼儿师范高等专科学校	6	2	10.53	3.00
47	广东体育职业技术学院	10	1	5.26	10.00

从专业布点来看，专业布点数排名前三位的分别是财经商贸大类（575 个）、电子与信息大类（441 个）、文化艺术大类（299 个），排名后三位的分别是生物与化工大类（27 个）、农林牧渔大类（8 个）、水利大类（7 个）（见表 2）。

表 2   广州市高等职业教育专业大类设置一览

序号	专业大类	专业数（个）	专业布点（个）	专业布点率（%）
1	财经商贸大类	37	575	18.92
2	电子与信息大类	32	441	14.51
3	文化艺术大类	43	299	9.84

续表

序号	专业大类	专业数（个）	专业布点（个）	专业布点率（%）
4	装备制造大类	35	296	9.74
5	教育与体育大类	39	271	8.92
6	土木建筑大类	30	220	7.24
7	医药卫生大类	31	174	5.73
8	公共管理与服务大类	17	146	4.80
9	交通运输大类	48	139	4.57
10	旅游大类	16	117	3.85
11	食品药品与粮食大类	19	65	2.14
12	新闻传播大类	18	64	2.11
13	资源环境与安全大类	20	47	1.55
14	农林牧渔大类	4	46	1.51
15	公安与司法大类	12	40	1.32
16	能源动力与材料大类	18	34	1.12
17	轻工纺织大类	16	31	1.02
18	生物与化工大类	12	27	0.89
19	水利大类	6	7	0.23

广州市高等职业教育在三次产业中专业设置特点鲜明，呈现出"三二一"专业结构。2021年，与第一产业相关专业的布点数38个，占比1.25%；第二产业专业布点数790个，占比26.00%；第三产业专业布点数2211个，占比72.75%。

三、广州市高等职业教育专业
适应产业存在的问题

（一）院校区域布局不均衡

广州市高等职业学校空间分布尚不合理（见表3），各区高职学校分布极不均衡，天河区数量最多，达18所；其次是白云区，达12所；第三是增城区 5 所，而作为主城区的海珠区和黄浦区分别仅为 2 所、1 所，而荔湾区甚至没有，这种布局与城区产业功能定位匹配存在一定偏差。广州南沙区位于粤港澳大湾区的中心，是国家级新区、自贸试验区和粤港澳全面合作示范区、广州城市副中心，形成了"三区一中心"发展格局。2020 年生产总值达 1846.11 亿元、固定资产投资总额 922.15 亿元、源于南沙税收总收入 656.48 亿元、进出口总值 2265.4 亿元，分别比 2015 年增长 73.6%、48.6%、96.1%、48.5%，人均生产总值突破 21 万元，达到中等发达国家水平。产业结构进一步优化，规上工业产值升到全市第二位，先进制造业提质增效，汽车产业集群产值突破千亿元，规模以上先进制造业工业总产值占规模以上工业总产值比重达 68.3%。现代服务业增加值占第三产业增加值比重达 73.4%，落户广州期货交易所、国际金融论坛（IFF）永久会址等重大金融平台。三次产业结构从 2015 年的 4.5∶69.82∶25.68 调整为 2020 年的 3.45∶41.11∶55.44。南沙经济的发展与教育资源特别是职业教育的资源极不匹配。未来广州高职布点可适当在南沙设置一两所学校。

表 3　　　　　广州各区高等职业学校布点数量一览

区名	越秀	海珠	荔湾	天河	白云	黄埔	番禺	增城	花都	从化	南沙	合计
数量	2	2	0	18	12	1	4	5	1	2	0	47

（二）专业层次结构不合理，本科职业教育供给不足

目前，广州市共有 47 所高等职业学校，但其中只有 1 所本科职业学校，高等职业学校结构严重失衡。本科职业学校数量的不足不但制约本地区现代职业教育体系进一步完善，更无法满足区域战略产业转型升级对高层次技术技能人才的需要。广东省人力资源与社会保障厅发布的《粤港澳大湾区（内地）急需紧缺人才目录（2020 年）》表明，企业对高学历技术技能型人才的需求明显增加，从学历来看，企业对高学历人才

的需求越来越高，本科学历的需求比例由现在的 14.55% 提升至 20.90%，研究生学历需求占比由现在的 2.08% 提高到 3.33%。同时从未来的 3－5 年紧缺人才需求情况看，企业对技能人才的需求最大，占需求总量的近五成，为 47.32%。广州市职教本科专业类布点数和招生规模严重不足。2019 年 1 月，国务院印发《国家职业教育改革实施方案》，鼓励在职业技术学院/职业学院的基础上建立高素质、高技能、高水平的职业教育本科学校。截至 2022 年 6 月，我国已经建成职业教育本科学校 32 所。但是广州市目前仅有 1 所民办职教本科学校，公办职教本科学校仍为空白。本科层次的职业教育起步较晚，无论是专业大类还是专业类布点数都较少。广州科技职业技术大学共有 18 个本科专业、9 个专业大类，专业覆盖率 47.37%，专业集聚度是 2.00。

（三）专业结构与产业结构的匹配度需进一步优化

广州市高等职业教育专业与产业结构总体较为适应，但结构与水平有待进一步完善、提升。《职业教育专业目录（2021 年）》系统推进专业升级与数字化改造，逐步由专业实然状态向更强适应性的应然状态递进。根据前面分析可以看出，2021 年广州市职业教育专业和产业均呈现出"三二一"结构模式，说明广州市职业教育专业布局的应然形态在一定程度上顺应了区域产业发展的实然需求。进一步地，用专业—产业偏离度（$Z—C$）判定专业结构与产业结构的适应性，公式如下：

$$Z—C\ 偏离度 = \frac{专业布点比率}{产业\ GDP\ 比率} - 1$$

$Z—C$ 偏离度 >0，表明职业学校专业布点比率高于产业 GDP 比率，反之专业布点比率低于产业 GDP 比率，偏离度绝对值越小，代表专业结构与产业结构适应性越好。2021 年，广州市三次产业之比为 1.09：27.35：71.56，专业布点比率 1.09：27.35：71.56，$Z—C$ 偏离度分别为 0.15、－0.05、0.01，说明广州市专业结构与产业结构适应性总体上比较理想（见表 4）。

表4　　　　　2021 年广州市高等职业学校 *Z—C* 偏离情况

产业	产业结构比重（%）	专业结构比率（%）	*Z—C* 偏离度
第一产业	1.25	1.09	0.15
第二产业	26	27.35	−0.05
第三产业	72.75	71.56	0.01

从表5和图3可知，2017－2021 年广州市第一产业比例平均值为 1.164，第一产业专业布点比例为 1.074，专业布点低于产业，特别是 2021 年是近5年相差最大，第一产业专业布点与第一产业占比不相符，应加强第一产业专业布点数量。

表5　　　　2017－2021 年广州市三产 GDP 结构和专业布点比例一览

年份	GDP 结构（%）			专业布点比例		
	第一产业	第二产业	第三产业	第一产业	第二产业	第三产业
2021	1.42	27.49	71.09	1.09	27.35	71.56
2020	1.14	27.71	71.15	1.15	26.34	72.51
2019	0.99	28.50	70.50	1.06	27.32	71.62
2018	0.90	28.67	70.43	0.98	27.27	71.75
2017	1.37	26.46	72.17	1.09	27.97	70.94

资料来源：2017－2021 年《广州国民经济和社会发展统计公报》。

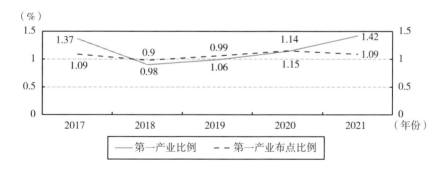

图3　2017－2021 年广州市第一产业比例与第一产业专业布点比例趋势

从图4可知，2017－2021 年广州市第二产业比例平均值为 27.766%，第二产业专业布点比例为 27.25%，专业布点低于产业，是近5年相差最大的。

图 4　2017 – 2021 年广州市第二产业比例与第二产业专业布点比例趋势

从图 5 可知，2017 – 2021 年广州市第三产业平均比例为 71.068%，第三产业专业布点平均比例 71.676%，总体上专业布点高于第三产业。2018 – 2020 年均高于产业比例，但 2021 年经过专业调整，专业布点与产业是近 5 年最接近的，说明专业调整成果显著。

图 5　2017 – 2021 年广州市第三产业比例与第三产业专业布点比例趋势

（四）专业设置与新兴产业匹配度有待进一步完善

广州市高等职业教育专业与新兴产业基本适应，但能源动力与材料大类和生物与化工大类专业布点亟须加强。广州市政府将新一代信息技术、智能与新能源汽车、生物医药与健康产业确定为"十四五"新兴支柱产业，将智能装备与机器人、轨道交通、新能源与节能环保、新材料与精细化工、数字创意产业确定为"十四五"新兴优势产业。与智能装备与机器人、新一代信息技术、轨道交通、生物医药与健康产业相对应的装备制造大类、电子与信息大类、医药卫生大类专业布点充足，装备制造大类专业布点达296个，电子与信息大类专业布点达441个，交通运输大类达139个，医药卫生大类达264个。但与智能与新能源汽车、新能源与节能环保产业相对应的能源动力与材料大类（34个）和生物与化工大类（27个）专业布点严重不足。广州市高等职业教育与新兴产业对应专业大类未开设专业见表6，其中最多的是装备制造大类（43个）、其次是能源动力与材料大类（40个）、再次是交通运输大类（20个）。

表6 　　　　　　　　广州市高等职业教育专业设置与新兴产业对照

序号	产业类别	专业大类	专业数（个）	专业布点数（个）	"十四五"新兴支柱产业	"十四五"新兴优势产业
1	二	装备制造大类	35	296		智能装备与机器人
2	二	电子与信息大类	10	96	新一代信息技术	
3	二	交通运输大类	20	67		轨道交通
4	二	医药卫生大类	9	39	生物医药与健康	
5	二	能源动力与材料大类	18	34	智能与新能源汽车	新能源与节能环保
6	二	生物与化工大类	12	27		新材料与精细化工
7	三	电子与信息大类	22	345	新一代信息技术	
8	三	医药卫生大类	22	135	生物医药与健康	
9	三	交通运输大类	28	72		轨道交通
10	三	新闻传播大类	18	64		数字创意

电子与信息大类专业布点极不均衡（见表7），第二产业主要集中在物联网应用技术（26个）、电子信息工程技术（12个）、应用电子专业（8个），3个专业布点数达第二产业专业总数的82%，其中物联网技术布点重复率最高，占比达50%。第三产业专业主要集中在软件技术（35个）、计算机应用技术（32个）、计算机网络技术（30个）、数

字媒体技术（28个）、大数据技术（26个）、人工智能技术应用（25个）等6个专业，专业布点达71%。同时还有电子产品制造技术、卫星通信与导航技术、电子产品检测技术、电信服务与管理、光电显示技术、集成电路技术、密码技术应用、微电子技术、通信软件技术等9个专业尚未有布点，布点率为0，占专业总数（37个）的24%。

表7　　　　　　　　电子与信息大类专业布点情况一览

产业	序号	专业名称	专业布点数（个）
第二产业	1	物联网应用技术	26
	2	电子信息工程技术	12
	3	应用电子技术	8
	4	汽车智能技术	5
	5	移动互联应用技术	2
	6	智能产品开发与应用	2
	7	智能光电技术应用	1
第三产业	1	软件技术	35
	2	计算机应用技术	32
	3	计算机网络技术	30
	4	数字媒体技术	28
	5	大数据技术	26
	6	人工智能技术应用	25
	7	动漫制作技术	16
	8	云计算技术应用	13
	9	虚拟现实技术应用	9
	10	现代通信技术	7
	11	信息安全技术应用	7
	12	移动应用开发	5
	13	嵌入式技术应用	3
	14	现代移动通信技术	3
	15	工业互联网技术	2
	16	通信工程设计与监理	2
	17	工业软件开发技术	1
	18	区块链技术应用	1

续表

产业	序号	专业名称	专业布点数（个）
第三产业	19	通信系统运行管理	1
	20	网络规划与优化技术	1
	21	智能互联网络技术	1
未布点专业	1	电子产品制造技术	0
	2	电子产品检测技术	0
	3	光电显示技术	0
	4	密码技术应用	0
	5	通信软件技术	0
	6	卫星通信与导航技术	0
	7	电信服务与管理	0
	8	集成电路技术	0
	9	微电子技术	0

医药卫生大类专业也呈现极不均衡现象（见表8）。第二产业专业中主要集中在中药学（10个）、中医康复技术（8个）和中医养生保健（5个）3个专业，布点占第二产业总专业布点的88%，其中中药学布点最多，占总数的34%。第三产业专业中，主要集中在护理（15个）、婴幼儿托育服务与管理（13个）、药学（10个）、健康管理（9个）、康复治疗技术（9个）和助产（8个）等6个专业，占比达67%。同时还有中医骨伤、放射治疗技术、呼吸治疗技术等19个专业尚未布点，占专业总数（47个）的70.3%。

表8 医药卫生大类专业布点情况一览

产业	序号	专业名称	专业布点数（个）
第二产业	1	中药学	10
	2	中医康复技术	8
	3	中医养生保健	5
	4	针灸推拿	2
	5	药膳与食疗	1
	6	中药材生产与加工	1
	7	中药制药	1
	8	中医学	1

续表

产业	序号	专业名称	专业布点数（个）
第三产业	1	护理	15
	2	婴幼儿托育服务与管理	13
	3	药学	10
	4	健康管理	9
	5	康复治疗技术	9
	6	助产	9
	7	口腔医学技术	6
	8	医学检验技术	6
	9	医学美容技术	5
	10	眼视光技术	3
	11	老年保健与管理	2
	12	卫生信息管理	2
	13	健康大数据管理与服务	1
	14	口腔医学	1
	15	临床医学	1
	16	心理咨询	1
	17	医学生物技术	1
	18	医学营养	1
	19	医学影像技术	1
	20	预防医学	1
未布点专业	1	中医骨伤	0
	2	放射治疗技术	0
	3	呼吸治疗技术	0
	4	卫生检验与检疫技术	0
	5	康复辅助器具技术	0
	6	言语听觉康复技术	0
	7	公共卫生管理	0
	8	生殖健康管理	0
	9	眼视光仪器技术	0
	10	视觉训练与康复	0
	11	蒙医学	0
	12	藏医学	0

续表

产业	序号	专业名称	专业布点数（个）
未布点专业	13	维医学	0
	14	傣医学	0
	15	哈医学	0
	16	朝医学	0
	17	蒙药学	0
	18	维药学	0
	19	藏药学	0

装备制造大类专业布点与广州"制造业立市"极不相符，布点较少，仅25个（见表9），占比仅37%；未布点专业较多（见表10），达43个，占比达63%。布点专业中，主要集中在工业机器人技术（23个）、机电一体化技术（23个）、电气自动化技术（20个）、新能源汽车技术（19个）、汽车制造与试验技术（12个）、模具设计与制造（11个）、数控技术（11个）、智能控制技术（10个）等8个专业，占总布点数（197个）的71%。

表9　　　　　　　装备制造大类专业布点情况一览

产业	序号	专业名称	专业布点数（个）
第二产业	1	工业机器人技术	23
	2	机电一体化技术	23
	3	电气自动化技术	20
	4	新能源汽车技术	19
	5	汽车制造与试验技术	12
	6	模具设计与制造	11
	7	数控技术	11
	8	智能控制技术	10
	9	工业设计	9
	10	智能网联汽车技术	9
	11	机械制造及自动化	7
	12	无人机应用技术	5
	13	机械设计与制造	4
	14	汽车电子技术	4

续表

产业	序号	专业名称	专业布点数（个）
第二产业	15	数字化设计与制造技术	4
	16	工业互联网应用	3
	17	制冷与空调技术	3
	18	电梯工程技术	2
	19	智能机器人技术	2
	20	船舶电气工程技术	1
	21	轨道交通工程机械制造与维护	1
	22	机电设备技术	1
	23	汽车造型与改装技术	1
	24	智能机电技术	1
	25	智能制造装备技术	1

表10　　　　　　　　　装备制造大类未开设专业一览

序号	专业名称	序号	专业名称
1	工业工程技术	23	城市轨道交通车辆制造与维护
2	材料成型及控制技术	24	轨道交通通信信号设备制造与维护
3	现代铸造技术	25	船舶工程技术
4	现代锻压技术	26	船舶动力工程技术
5	智能焊接技术	27	船舶智能焊接技术
6	工业材料表面处理技术	28	船舶舾装工程技术
7	增材制造技术	29	船舶涂装工程技术
8	特种加工技术	30	船舶通信装备技术
9	智能光电制造技术	31	游艇设计与制造
10	电线电缆制造技术	32	邮轮内装技术
11	内燃机制造与应用技术	33	海洋工程装备技术
12	机械装备制造技术	34	飞行器数字化制造技术
13	工业产品质量检测技术	35	飞行器数字化装配技术
14	理化测试与质检技术	36	航空发动机制造技术
15	电机与电器技术	37	航空发动机装配调试技术
16	新能源装备技术	38	飞机机载设备装配调试技术
17	工业过程自动化技术	39	航空装备表面处理技术
18	工业自动化仪表技术	40	飞行器维修技术
19	液压与气动技术	41	航空发动机维修技术
20	计量测试与应用技术	42	航空材料精密成型技术
21	铁道机车车辆制造与维护	43	导弹维修技术
22	高速铁路动车组制造与维护		

　　能源动力与材料大类专业是广州市职业学校专业设置的一个短板，现有专业布点严重不足，难以支撑广州市产业发展的需求。现有布点专业12个（见表11），仅占专业总数（49个）的24%，未布点专业数达37个，占比达76%（见表12）。

表11　　　　　　　能源动力与材料大类专业布点情况一览

产业	序号	专业名称	专业布点数（个）
第二产业	1	供用电技术	3
	2	光伏工程技术	2
	3	输配电工程技术	2
	4	电力系统继电保护技术	1
	5	电力系统自动化技术	1
	6	发电厂及电力系统	1
	7	分布式发电与智能微电网技术	1
	8	高分子材料智能制造技术	1
	9	机场电工技术	1
	10	建筑装饰材料技术	1
	11	氢能技术应用	1
	12	水电站与电力网技术	1

表12　　　　　　　能源动力与材料大类未开设专业一览

序号	专业名称	序号	专业名称
1	水电站机电设备与自动化	11	电厂化学与环保技术
2	农业电气化技术	12	风力发电工程技术
3	电力客户服务与管理	13	生物质能应用技术
4	热能动力工程技术	14	工业节能技术
5	城市热能应用技术	15	节电技术与管理
6	地热开发技术	16	新能源材料应用技术
7	太阳能光热技术与应用	17	钢铁智能冶金技术
8	发电运行技术	18	智能轧钢技术
9	热工自动化技术	19	钢铁冶金设备维护
10	核电站动力设备运行与维护	20	金属材料检测技术

续表

序号	专业名称	序号	专业名称
21	有色金属智能冶金技术	30	光伏材料制备技术
22	金属智能加工技术	31	硅材料制备技术
23	金属精密成型技术	32	炭材料工程技术
24	储能材料技术	33	橡胶智能制造技术
25	稀土材料技术	34	建筑材料工程技术
26	材料工程技术	35	新型建筑材料技术
27	复合材料智能制造技术	36	建筑材料检测技术
28	航空复合材料成型与加工技术	37	装配式建筑构件智能制造技术
29	非金属矿物材料技术		

交通运输类专业布点呈现零散、不均衡现象，专业布点主要集中在汽车检测与维修（13个）、汽车技术服务与营销（7个）、空中乘务（12个）、城市轨道交通运营管理（8个）（见表13）。

表13   **交通运输大类专业布点**

产业	序号	专业名称	专业布点数（个）
第二产业	1	汽车检测与维修技术	13
	2	汽车技术服务与营销	7
	3	道路与桥梁工程技术	5
	4	动车组检修技术	2
	5	道路工程检测技术	1
	6	高速铁路客运服务	1
	7	高速铁路施工与维护	1
	8	高速铁路综合维修技术	1
	9	交通运营管理	1
	10	铁道车辆技术	1
	11	铁道工程技术	1
	12	铁道供电技术	1
	13	铁道机车运用与维护	1
	14	铁道交通运营管理	1
	15	铁道通信与信息化技术	1
	16	铁道信号自动控制	1
	17	智能工程机械运用技术	1
	18	智能交通技术	1

续表

产业	序号	专业名称	专业布点数（个）
第三产业	1	空中乘务	12
	2	城市轨道交通运营管理	8
	3	城市轨道车辆应用技术	3
	4	城市轨道交通工程技术	3
	5	国际邮轮乘务管理	3
	6	城市轨道交通机电技术	2
	7	航海技术	2
	8	轮机工程技术	2
	9	民航安全技术管理	2
	10	城市轨道交通通信信号技术	1
	11	船舶电子电气技术	1
	12	飞机部件修理	1
	13	飞机电子设备维修	1
	14	飞机机电设备维修	1
	15	飞机结构修理	1
	16	港口与航运管理	1
	17	航空油料	1
	18	机场场务技术与管理	1
	19	机场运行服务与管理	1
	20	集装箱运输管理	1
	21	民航空中安全保卫	1
	22	民航通信技术	1
	23	民航运输服务	1
	24	通用航空航务技术	1
	25	通用航空器维修	1

由于交通类专业要求严格、投入较大、专业性强，布点主要集中在行业型高职学校中，同时尚有铁道桥梁隧道工程技术等 20 个专业为零布点（见表 14），占专业总数 32%，其中轨道交通有铁道桥梁隧道工程技术、铁道养路机械应用技术、城市轨道交通供配电技术等 3 个专业未有布点，占未布点专业总数 15%。

表 14　　　　　　　　　交通运输大类未开设专业一览

序号	专业名称	序号	专业名称
1	铁道桥梁隧道工程技术	11	船舶检验
2	铁道养路机械应用技术	12	定翼机驾驶技术
3	道路机械化施工技术	13	直升机驾驶技术
4	道路工程造价	14	航空地面设备维修
5	道路养护与管理	15	管道工程技术
6	道路运输管理	16	管道运输管理
7	新能源汽车检测与维修技术	17	城市轨道交通供配电技术
8	港口与航道工程技术	18	邮政快递运营管理
9	水路运输安全管理	19	邮政快递智能技术
10	港口机械与智能控制	20	邮政通信管理

广州市生物化工类专业布点较少，总共布点 11 个专业、15 个专业布点，尚有 9 个专业无布点，占比达 45%（见表 15）。专业总体布点偏少的主要原因在于广州市尚无生物化工类行业型学校。

表 15　　　　　　　　　生物与化工大类专业布点情况一览

产业	序号	专业名称	专业布点数（个）
第二产业	1	食品生物技术	3
	2	分析检验技术	2
	3	药品生物技术	2
	4	应用化工技术	2
	5	化工生物技术	1
	6	化工装备技术	1
	7	化工自动化技术	1
	8	精细化工技术	1
	9	绿色生物制造技术	1
	10	农业生物技术	1
	11	石油化工技术	1
未布点专业	1	生物产品检验检疫	0
	2	生物信息技术	0
	3	石油炼制技术	0

续表

产业	序号	专业名称	专业布点数（个）
未布点专业	4	煤化工技术	0
	5	高分子合成技术	0
	6	海洋化工技术	0
	7	化工智能制造技术	0
	8	涂装防护技术	0
	9	烟花爆竹技术与管理	0

广州市高职新闻传播类专业布点总体符合产业发展需求，共设置 17 个专业，布点总数为 42 个，还有出版策划与编辑等 5 个专业没有布点，占专业总数的 23%。布点最多的专业是网络新闻与传播，布点数达 9 个，占总布点数的 21%（见表 16）。随着广州文化产业的大发展，未来文艺类高职学校增设新闻传播专业。

表 16 **新闻传播大类专业布点情况一览**

产业	序号	专业名称	专业布点数（个）
第三产业	1	网络新闻与传播	9
	2	传播与策划	4
	3	影视动画	4
	4	播音与主持	3
	5	融媒体技术与运营	3
	6	新闻采编与制作	3
	7	广播影视节目制作	2
	8	录音技术与艺术	2
	9	全媒体广告策划与营销	2
	10	网络直播与运营	2
	11	影视编导	2
	12	摄影摄像技术	1
	13	数字出版	1
	14	数字图文信息处理技术	1
	15	音像技术	1
	16	影视多媒体技术	1
	17	影视照明技术与艺术	1

续表

产业	序号	专业名称	专业布点数（个）
未布点专业	1	出版策划与编辑	0
	2	出版商务	0
	3	数字媒体设备应用与管理	0
	4	数字广播电视技术	0
	5	影视制片管理	0

根据广州市高等职业教育未开设专业与新兴产业对应情况分析，电子与信息大类、生物与化工大类、新闻传播大类未开设专业相对较少，但装备制造、能源动力与材料、交通运输和医药卫生等大类未开设专业较多。装备制造大类中的机械设计制造类、轨道装备类、船舶与海洋工程装备类、航空装备类，交通运输大类中的邮政类，能源动力与材料大类中的热能与发电工程类、新能源发电工程类、黑色金属材料类、有色金属材料类、非金属材料类、建筑材料类专业也仅仅开设 1–2 个专业，甚至根本没有开设。主要原因在于：一是广州市行业型学校偏少，仅有轨道交通、交通、水利、民航等约 10 所行业型学校，尚无航空、航海、化工、生物、电力等行业型高职学校；二是专业指向性过强，如卫星通信与导航技术、核电站动力设备运行与维护、少数民族医药学等，这些领域广州的产业发展基础薄弱；三是开设成本相对较高，有些专业如轨道交通、航空、海运、高端装备等专业既对实训条件要求较高，资金投入较大，同时对师资等要求也较高，难以聘请"双师型"高水平师资，开设难度较大。

四、增强广州市高等职业教育专业适应产业发展的对策建议

2020 年 10 月，《中共中央关于制定国民经济和社会发展第十四个五年规划和二〇三五年远景目标的建议》提出了"增强职业教育适

应性"①。2021 年 4 月，习近平总书记在全国职业教育大会再次强调"增强职业教育适应性"②。2021 年 10 月，中共中央办公厅、国务院办公厅印发《关于推动现代职业教育高质量发展的意见》，将"切实增强职业教育适应性"列为职业教育高质量发展的指导思想③。增强高等职业教育专业适应产业发展是职业教育赖以生存的基础，也是实现自身可持续发展的重要条件和手段。增强职业教育的适应性需依靠政府、行业、院校、企业四方共同发力，形成合力，使职业学校的专业布局、人才培养规格与产业发展、企业岗位需求正向匹配。

（一）优化区域职业学校布局

职业学校布局对经济社会发展特别是产业发展具有重要影响。广州市职业学校布局很不平衡，主要存在三个问题：一是从空间布局来看，主要集中在天河、白云两区；二是行业型高职学校相对较少，地方性、综合性职业学校过多；三是本科层次职业学校偏少，现仅有一所民办本科职业技术大学。未来广州市高职学校布局可从三个方面去优化：一是在南沙等经济发展潜力较大区新增职业学校，根据《广州市国民经济和社会发展第十四个五年规划和 2035 年远景目标纲要》，南沙区的功能定位是"打造粤港澳全面合作示范区，粤港澳大湾区国际航运、金融和科技创新功能的承载区、先进制造业发展区，高水平对外开放门户，广州城市副中心"。因此，根据"面向高端产业、产业高端"的原则，可以在南沙区举办高水平职业学校。二是增设一批生物化工、信息技术、卫生医药等行业型高职学校，以适应区域产业特别是新兴产业的发展需求。三是稳步发展本科层次职业教育。大力发展本科职业教育势在必行，国

---

① 中共中央关于制定国民经济和社会发展第十四个五年规划和二〇三五年远景目标的建议 [DB/OL]. 新华社，http://www.gov.cn/zhengce/2020－11/03/content_5556991.htm，2020－11－03.
② 习近平对职业教育工作作出重要指示 [DB/OL]. 新华社，http://www.xinhuanet.com/politics/2021－04/13/c_1127324347.htm，2021－04－13.
③ 中共中央办公厅 国务院办公厅印发《关于推动现代职业教育高质量发展的意见》[EB/OL]. 新华社，http://www.gov.cn/zhengce/2021－10/12/content_5642120.htm，2021－10－12.

家、省、市相继出台政策支持发展本科职业教育。中共中央办公厅、国务院办公厅印发的《关于推动现代职业教育高质量发展的意见》提出"到2025年，职业本科教育招生规模不低于高等职业教育招生规模的10%"；《广东省教育发展"十四五"规划》提出"稳步发展本科层次职业学校，积极推动国家'双高计划'高职学校办成本科层次职业学校"。按照10%的国家标准，广州市应新建5所以上本科职业学校才能满足本地区新兴支柱产业和战略产业对高层次、复合型技术技能人才的需要。因此应支持一批办学条件好、市场需求大的行业型"双高计划"高职学校独立升格本科职业技术大学，有效解决区域经济对本科层次职业教育的需求，缓解广州市本科层次技术技能人才的供需矛盾。

（二）建立生均财政拨款专业分类投入机制

充分发挥财政投入的杠杆机制，实现专业设置的学校自主与政府调控的动态平衡。充分调研、测算、把握不同专业大类的培养成本，生均定额标准应充分考虑教学培养成本、物价水平、政策性增长等因素，建立生均经费动态调整机制。同时充分考虑不同专业的投入成本，建立分类折算系数机制，对重复设置率高、市场需求饱和的专业按低于基本定额拨款标准拨款，对市场需求量大、培养成本高的专业按高于基本定额拨款标准拨款。

（三）优化专业结构与产业结构适配度

根据广州市三次产业的发展态势，第一产业、第二产业特别是第二产业在"十四五"期间将有一定幅度的增设，特别是广州确立了产业第一、制造业立市的工作方针，因此，第二产业特别是制造业将获得更快发展。因此，为适应广州市经济结构调整的需要，需增设与第一、第二产业相适应的专业布点。增设的第一产业专业主要为打造文明富裕的全国全省乡村振兴示范区、全面协调的国家城乡融合发展试验区、生态宜居的粤港澳大湾区湾顶"绿谷",助力粤港澳大湾区"米袋子""菜篮子""果盘子""花篮子"等优质农产品生产基地高质量发展。增设的第二产业专业主要为服务广州"制造业"立市服务。对于第三产业专业,主要是优化调整,按照"停一批、转一批、增一批"的思路调整,关停一批市场需求饱和专业,调整、改造一批老旧专业,增设一批服务新产业、新业态、市场需求量大的专业,服务广州打造优质高效、结构优化、竞争力强的服务产业新体系的需要。

(四) 积极增设与新兴产业对应相关专业

大力加强与新兴支柱产业、战略产业相对应的装备制造大类、能源动力与材料大类和交通运输大类等相关专业。新专业的开设需要地方政府、企业和学校等多方面的共同努力,政府根据城市发展规划出台相关政策,为学校开设新专业提供制度、资金等保障;企业根据自身发展目标,在明确向学校提出人才培养标准的同时,与学校共建师资队伍、共同制订课程体系、共享实习实训基地,真正做到产教融合、校企合作,不断提升专业与产业的适应性,推动职业教育高质量发展。

第四篇

推动西部地区城市创新发展

——西安市职业教育"专业—产业"适应性研究报告

一、问题的提出

我国自改革开放以来，职业教育取得了举世瞩目的成就，为经济发展提供了人力资源和科研成果，推动我国经济产业不断迈向智能制造、数字经济等前沿领域。与此同时，我国的产业结构也不断优化、升级，为职业教育发展提供了充足的物质基础和保障。产业结构作为经济结构的重要组成部分，其升级和转型推动了我国经济实力整体提升，为建设基础设施、提升文化软实力、实现现代化强国，创造了一片肥沃土壤。职业教育发展与产业结构优化实现良性互动、互联互通，是贯彻创新、协调、绿色、开放、共享的新发展理念的重要途径，是实现"五位一体"总体布局的战略举措。然而，由于地理位置、历史基础等因素影响，我国地区之间的教育资源和经济结构仍存在较大差异。因此，分析区域职业教育发展与产业结构优化的关系，并据此提出协调两者关系的具体建议，具有现实意义。

西安作为西部地区重要城市、丝绸之路的起点，改革开放以来经济得到快速发展。近几年，我国西部地区经济发展出现了新变化，主要表现为劳动力数量下降但人力资本素质不断提高、资本数量积累增速放慢但资本存量质量优势逐步显现。"十三五"期间，我国三次产业结构优化已成必然趋势，国家经济发展不再只强调 GDP 增速而转向高质量经济增长。我国西部地区产业发展战略的重点从产业数量比例调整转向产业质量能力提升。在此大背景下,产业结构调整发展和人才需求之间保持着正比关系。现阶段,我国西部地区职业教育发展形势大好,但发展过程中的问题不断,职业教育中的专业结构、层次结构、体制结构及教育模式等方面与区域产业结构之间有着密不可分的关系,职业教育专业人才反映着区域产业发展现状,区域产业结构的升级调整影响着职业教育人才培养。对于地方职业教育而言,职业教育培养目标就是满足地域经济产业结构的优化和调整,构建符合地域发展的职业教育模式和体系刻不容缓。本报告运用本报告建立的职业教育"专业—产业"适应性分析框架,从职业教育专业设置与西安产业之间的布局适应性、规模适应性、层次适应性、规格适应性及适应效益这五个维度进行分析,探究西安职业教育专业设置与产业结构之间存在的适应性困境,并提出提高西安市职业教育专业与产业结构适应性的相应建议。

二、西安市经济与职业教育发展现状

(一)西安市经济发展与产业结构变化趋势

西安,简称"镐",古称长安、镐京,陕西省辖地级市,是陕西省省会、副省级市、特大城市、西安都市圈核心区、关中平原城市群核心城市,国务院批复确定的中国西部地区重要的中心城市,国家重要的科研、教育和工业基地。截至 2021 年底,全市下辖 11 个区、2 个县,总面积10752 平方千米(含西咸新区),建成区面积 700.69 平方千米,常住人口(含西咸共管区)1316.30 万人。2021 年,西安市实现生产总值 10688.28亿元。其中,第一产业占比为 2.89%,第二产业占比为 33.54%,第三产业占比为 63.57%(见图 1)。按可比价格计算,比上年增长 4.1%,两年平均增长 4.6%。其中,第一产业增加值 308.82 亿元,增长 6.1%;第二产业增加值 3585.20 亿元,增长 0.9%;第三产业增加值 6794.26 亿元,增长5.7%。三次产业构成之比为2.89∶33.54∶63.57。全年人均地区生产总值83689元。非公有制经济增加值占地区生产总值比重53.5%。其中,高技术制造业、战略性新兴产业新引擎作用凸显。2020年,规模以上工业中,高技术制造业产值占规模以上工业总产值的32.4%,比上年增长23.4%;战略性新兴产业产值占规模以上工业总产值的46.9%,比上年增长13.3%;装备制造业产值占规模以上工业总产值的70.4%,比上年增长14.9%。服务业比重持续提高,服务业增加值占GDP比重从2015年的61.87%提高到2020年的63.66%,分别高于全国和全省9.13个和15.72个百分点;内部结构不断优化,现代金融、现代物流、研发设计、检验检测认证、软件信息和服务、会议会展等生产性服务业取得长足发展。"十三五"期间,西安市产业发展规模逐年壮大,城市综合实力、核心竞争力和区域吸引力得到全面提升,经济总量连续跨越五个千亿元级台阶,实现历史性突破。

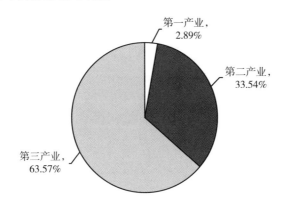

图1 西安市产业结构

纵向来看,在改革开放之初,1980年西安工业产值占GDP的比重一度达到59%。而到了2000年,西安工业(第二产业)增加值占GDP的比重下降到47.9%;2010年下降到43.9%;2020年下降到33.2%,当年西安三次产业构成之比为3.1∶33.2∶63.7。西安第二产业占GDP的比重,从1980—2020年,40年下降了约26个百分点;从2000—2020年,20年下降了约15个百分点;近10年(2010—2020年)下降了约11个百分点（见表1）。从产业结构上看，西安经济的一个显著特点就是：第二产业偏弱，第三产业偏强。2021 年西安第二产业增加值3585.20 亿元，增长0.9%，相比 2020 年只增长了 256.93 亿元。这一增长幅度，可以说是创造了近 20 年来的最低水平。这在很大程度上反映了第二产业对西安 GDP 的带动作用不断减弱。可以说，过去二十年是西安第三产业（服务业）高速增长的二十年，也是第二产业（工业）迅速下降的二十年。西安第三产业占 GDP 比重从 2000 年的45.4%一路狂飙至 2020 年的 63.7%，增幅高达 18.3 个百分点；而第二产业占比从 2000 年的 47.9%一路跌至 2020 年的 33.2%，降幅高达 14.7 个百分点。即便在 2018 年出台"工业补短板"方案后，也未能扭转下降的趋势。

表1   西安市三次产业结构变化情况

年份	第一产业		第二产业		第三产业		三产增加值结构
	增加值（亿元）	增长率（%）	增加值（亿元）	增长率（%）	增加值（亿元）	增长率（%）	
2000	46	3.2	330	15.9	313	12.5	6.7 : 47.9 : 45.4
2005	64.08	7.5	539.61	14.4	666.45	12.7	5.0 : 42.5 : 52.5
2010	140.06	6.9	1409.53	18.0	1691.90	12.5	4.3 : 43.5 : 52.2
2015	220.20	5.0	2165.54	6.8	3424.29	9.5	3.8 : 37.3 : 58.9
2020	312.75	3.0	3328.27	7.4	6379.37	4.2	3.1 : 33.2 : 63.7
2021	308.82	6.1	3585.20	0.9	6794.26	5.7	2.9 : 33.5 : 63.6

资料来源：西安市统计局、西安市 2000 - 2021 年国民经济和社会发展统计公报。

尽管从理论上讲，以第三产业为主是现代经济发展的基本规律和趋势，产业结构重点演变呈现第一、第二、第三产业的顺序转移；西安产业结构也符合世界范围内产业结构演变规律，三大产业比重明显从"二一三"发展到"三二一"。由此，从经济结构上看，西安经济的显著特点是：第二产业偏弱，第三产业偏强；而在第二产业（工业）中，重工业偏重，轻工业偏轻。这种结构模式一方面导致西安工业重型化特征明显，在面对技术更新、市场波动等情况时，反应较慢，转型困难；另一方面导致轻工业领域发展不足，成为工业"短板"中的"短板"。从制造业看，本土企业规模普遍偏小，部分产业尚未形成完整的产业链条，多数产业处于产业链和价值链中低端，部分产业链关键环节缺失，初加工、低技术含量和低附加值产品占比较高，关键和核心的技术及部件依赖进口，重大装备产品及关键器件的生产配套仍相对缺乏，重点建设项目中高质量先进制造业项目数量不多、体量偏小。从服务业来看，主要以交通运输、批发和零售业、住宿和餐饮业等传统服务业为主，增加值占全市服务业比重达 35% 以上，技术服务、商务服务等高附加值现代服务业发展不足，研发设计、检验检测认证、会展等生产性服务业普遍规模不大。从产业集群化看，西安市 6 大支柱产业中仅航空产业集群入选 2021 年 3 月工信部公示的先进制造业集群决赛优胜者名单。面对国内发达城市在数字经济、智能经济、战略性新兴产业等增长领域，对资金、人才、企业、创新资源展开了激烈竞争。西安市综合实力不强，面对上海、深圳、杭州等产业第一梯队城市率先升级，郑州、成都、武汉等周边城市竞相赶超的发展态势，西安市的产业发展的竞争压力依然很大。

基于此，2022 年 2 月，西安市人民政府印发《西安市"十四五"产业发展规划》，提出到 2025 年，"6 + 5 + 6 + 1"现代产业体系基本形成，先进制造业强市建设取得突破性进展，规模以上先进制造业总产值年均增长 15% 以上，占规模以上工业比重达到 70%，国家级高新技术企业突破 1 万家，经济总量达到 1.4 万亿元以上。到 2035 年，西安市计划基本建成实体经济、科技创新、现代金融、人力资源协同发展的现代产业体系，实现产业结构高级化、布局合理化、发展集群化、创新协同化，产业核心竞争力显著提升。先进制造业强市建设取得重大进展，碳中和工作扎实推进，碳达峰目标顺利实现，产业结构持续优化。

（二）西安市职业学校分布情况

西安地区的职业教育经过 20 多年的发展，已经形成了以职业技术院校为龙头，中专、技校、成人大学为主体的职业教育体系。截至 2021 年，西安市现有高等职业技术学院 23 所，中等职业学校 49 所，本科层次职业学校 2 所（西安汽车职业技术学院、西安信息职业学院），中国特色高水平高职学校建设 1 所（西安航空职业技术学院），高水平专业群建设单位 2 所（陕西国防工业职业技术学院、陕西职业技术学院）。全市职业学校开设了加工制造、信息技术、商贸与旅游、医药卫生等 14 个专业大类，覆盖了西安市经济发展的方方面面。目前已经形成以高等职业教育为龙头，以中等职业教育为主体，以民办教育为补充的职业教育发展格局。由政府牵头成立的职业教育公共实训基地和职业教育集团，提高了职业学校的教育教学质量和就业能力，使职业学校、行业、企业和区域之间实现了资源共享和优势互补。

（三）西安市中职专业设置与产业结构适应性分析

根据《职业教育专业目录（2021 年）》，中职学校共设有个 14 个专业大类、86 个专业种类，覆盖率分别为 73.6% 和 26.8%。分析 2021 年西安市产业结构与中职学校专业结构的偏差情况可知（见表 2），第一产业结构与专业结构的偏差度为 1.01%，第二产业与专业结构的偏差度为 4.66%，第三产业与专业结构的偏差度为 5.67%。由此可见，第一产业与中职专业结构的偏差度较小，即第一产业与中职专业设置的适应性较好，第二产业和第三产业与中职专业结构的偏差度较第一产业高 3 - 4 个百分点，即第三产业和第二产业与中职学校的专业结构适应性有待进一步提高，通过优化第二产业和第三产业对应的专业结构来提升其适应性。此外，西安市中职学校的近年来的专业设置中，第三产业覆盖的专业数量达到 60% 以上，专业数量排名前五的专业类别中的文化艺术类、财经商贸类和旅游服务类均属于第三产业的范围。这既反映了西安市产业发展的需要，同时也说明，相比较传统第二产业的加工制造类专业，学生在就业方向上更愿意向第三产业或者融合第三产业的第二产业（即第二产业升级）靠拢。

表2   **2021 年西安市产业结构与中职学校专业结构及其偏差情况**

产业类别	产业结构（%）	专业结构（%）	产业结构与专业结构的偏差度（%）
第一产业	2.89	3.9	1.01
第二产业	33.54	38.2	4.66
第三产业	63.57	57.9	5.67

（四）西安市高职专业设置与产业结构适应性分析

根据《职业教育专业目录（2021 年)》，西安市高职学校共设有 18 个专业大类、275 个专业种类，覆盖率分别为 94.7% 和 85.6%。这些专业的职业针对性强，适应就业需求性也强，为当地经济建设培养了急需的人才，并为当地建设提供人才支持方面的专业培训，保障了当地经济发展的人才支持。从学校设置情况看，高职设置的专业大类排名前三位的分别是电子与信息大类（20 所）、财经商贸大类（20 所）、交通运输大类（18 所）；排名后三位的是农林牧渔类（3 所）、公安司法大类（3 所）、轻工纺织大类（4 所）。从专业布点来看，高职学校专业布点数排名前三位的分别是公安司法类（15 个）、教育与体育类（14 个）、医药卫生大类（2 个），形成了一批专业点设置高度密集的、具有一定影响的高职学校。近几年来，西安一些高职学校专业数量不断增加，学校对专业结构也进行着不断调整和优化。其中有五所高职学校的专业数量超过 30 个，陕西工业职业技术学院、西安职业技术学院、西安航空职业技术学院等 10 所专业设置最多的学校总共设置专业 304 个，几乎占了全省专业点的 26.59%。

比较分析 2020 年和 2021 年产业结构与高职专业设置的匹配情况发现（见表3），第一产业与专业结构偏差度低于第二产业和第三产业，其偏差度分别为 2.8 和 1.01；第二产业与专业结构的偏差度由 2020 年的 2.96 提高到 4.66，第三产业与西安市高职专业设置偏差度最高，2020 年和 2021 年保持在 5.6 左右，相比第一产业和第二产业与高职专业结构的适应性，第三产业与高职专业结构适应性有待提升。具体而言，第一产业占国内生产总值（GDP）的比例与第一产业相关的专业设置的比例基本相同，都呈下降趋势，符合产业结构的总体趋势，说明专业设置是根据产业发展的要求调整实现自身的发展。虽然第二产业和第三产业的专业设置变化较慢，但可以发现一个明显的问题，即与第二产业和第三产业相关的专业设置的比重和两大工业总产值比例不协调：第二产业相关专业偏少，其数量不符合第二产业的发展和在西安市经济中的重要地位；第三产业专业设置的数量过于庞大，由于经济发展带来的就业形势的变化，有关在第三产业就业的毕业生数量已经超过能够容纳的数量，这是陕西省人才供给和需求造成行业人才不均衡，结构失衡的重要原因。

表3　　　　　　　　**高职专业设置与三大产业之间匹配情况**

产业类别	第一产业		第二产业		第三产业	
	2020 年	2021 年	2020 年	2021 年	2020 年	2021 年
产业结构（%）	3.1	2.89	33.2	33.54	63.7	63.57
专业结构（%）	5.9	3.9	36.16	38.2	57.93	57.9
偏差度（%）	2.8	1.01	2.96	4.66	-5.77	-5.67

三、西安市职业教育与产业结构适应性的困境

虽然西安地区的职业教育已经具有了一定的规模，并取得了很大的成就，但是在其发展中仍然存在一些问题，例如，职业学校的专业设置与地方产业市场需求脱节，导致培养出来的人才对于地方产业发展需求缺乏针对性；各类职业学校空间相对封闭独立，虽然很多院校空间位置很接近，但院校之间缺乏有效的共享机制，导致院校之间的优质师资、课程等资源无法实现共享。

（一）专业设置的盲目性造成结构性失业困境

为了适应快速发展的需要和抢占生源，部分职业学校开始在专业设

置方面出现了对于市场需求调研不足甚至投家长和学生所好的情况，盲目开设新专业，对就业前景夸大宣传，以求尽快抢占生源。由于学校培养人才的模式决定了其对人才供求关系反应的相对滞后，如果不经过细致的人才市场需求规律的研究，对地方经济和产业发展状况及产业结构调整升级不能准确地把握，必然导致"今年刚开设的热门专业，到明年可能无人问津"的实际情况（国少甫等，2013）。尤其西安市的很多高等职业学校在专业设置上存在着严重的跟风现象，所谓的"热门专业"备受高等职业学校的青睐，所谓的"冷门专业"备受轻视，甚至出现更坏的情况，部分不满足条件的职业学校也拼尽全力开设"热门专业"，再加上教育的滞后性，最终导致或轻或重的"结构性失业"的发生。以过去极度热门的数控专业为例，西安市许多职业学校对市场需求和就业标准调研不足，大量开设数控专业（刘智勇等，2018），但事实上从西安市经济发展现状来看，西安多数企业数控设备相对较少，导致大量本专业学生毕业后主要从事普通机床的操作工作，未能从事数控设备操作的相关工作。

（二）专业设置与产业结构形成结构性不一致

西安市部分职业学校的专业设置没有完全依托市场，无法满足当今市场和区域经济发展对不同类型人才的需要。相对于目前陕西省产业结构布局的"三二一"模式来看，西安市职业学校中第二产业相关专业偏多，其数量和所占比重不符合第二产业在西安市经济中的地位和其发展趋势；第二产业的专业设置数量过于庞大，又与西安市现有的第三产业发展状况不相适应，造成陕西省第三产业人才供给和需求的不均衡；而第一产业的相关专业数量与产业所占比重较为符合西安市产业结构的总体趋势。因此，西安市职业学校专业设置与其区域产业结构存在着结构性不协调的问题。而职业教育在专业结构设置上的结构性失衡就会限制其在人力资源开发过程中的有效发挥，从而也就削弱了其对区域经济发展的服务功能（师萍，2007）。近些年来，西安市部分职业学校从不同层面去调整专业结构，但是没有从根本上调整专业以适应产业结构，大部分仅限于表面，更谈不上适应产业结构的升级对技术技能型人才培养的新要求，出现了人才的结构性短缺和过剩同时并存的矛盾。例如，一方面，与社会经济发展密切相关的专业设置少，导致国家经济持续稳定发展所急需的高新技术类人才和面向地方区域经济发展的应用型人才存量偏少，供给严重不足；另一方面，部分专业人才培养趋于饱和，毕业生持续攀升，就业问题突出。但是，这些专业招生计划并未缩减，造成教育资源的极大浪费。随着市场经济的深入发展，农民收入逐渐提高，加之国家实施计划生育政策效果的凸显，农村的独生子女也越来越多，农村家长因为自身文化水平不高，常年从事农业劳动或外出务工，因此都趋向于让子女接受高等教育，以脱离农村的环境。目前除了个别公办的专业学校外，其他学校基本上都因为生源原因不愿开设与第一产业相关的专业，导致现代农业技术人才需要得不到满足，专业人才缺口很大。加之前几年因为地区工资差异问题，80%以上的学生愿意到南方就业，导致西安本地职业学校开设专业不能培养出适合本地企业的技术人才，进而不能服务区域经济。

（三）专业设置服务区域经济意识与能力不足

专业设置和调整必须基于职业学校自身资源的配置和发展（张延平和李明生，2011）。但目前一些职业学校专业设置与区域经济社会发展完全脱节。另外，专业设置盲目追求体量大，都希望专业尽量全。然而，各职业学校应该根据实际情况，以自身的办学资源、条件为基础设立、调整专业，优化产业结构所需的专业，培养国家和地方发展所需要的专业型人才。当前，许多中职和高职学校一味强调扩大规模，却忽略了其服务区域经济的发展目标。职业学校培养人才的层次多是一线生产技术工人，其对于对口就业的要求远远高于普通高等院校。加之近年来西部大开发，西安市经济的快速发展，越来越多的毕业生选择了在西安市及周边就业，而不是去东南沿海地区。因此，学校在专业设置上必须深入研究当地区域产业结构发展的趋势和特点，明确其对人才需求的方向，面向市场设置专业；既要考虑学生和家长的需求，又要满足企业对人才的需要。可以说，社会职业发展趋势、高技能人才市场需求的状况，是职业学校进行专业设置和调整及专业结构优化的出发点。职业学校开设专业如果不考虑学生就读的意愿和需求，就会给招生带来困难，学校的生存和发展就难以为继，培养社会有用人才的育人目标和学校健康发展就会成为泡影。此外，职业教育发展的速度跟不上区域经济发展，尤其是西安市高等职业教育的发展速度不及区域经济发展的速度，这种情况说明，西安市职业教育与区域经济发展相比较为滞后，因此，其服务区域经济的功能必然会受到限制。

四、提高西安市职业教育与产业结构适应性的建议

在产业结构调整初期，由于产业结构优化对职业教育的影响存在滞后性（闫丽雯，2021）。西安市职业教育主要依靠自身发展的路径，因此职业学校应首要关注自身结构的优化调整。陕西省"十四五"规划中明确指出，要将职业教育事业放在优先位置，推动职业教育融合发展。因此，西安市职业学校应结合区域经济特性，根据西安市第三产业比重较高的结构特点，适当扩大招生规模，满足产业优化升级对技能型人才的需求；大力发展职业教育，注重应用型人才培养，增强专业的实用性，加强教学过程与实际生产过程的联系。具体包括以下几个方面。

（一）以区域产业为基础，加强对专业设置的调控

社会的需求是一个不断变化的过程，生产技术和经济也是处在一个不断发展变化的状态，从而引起某一区域的产业结构调整，对于专业技术人才的需求也随之发生变化（徐莉亚，2016）。职业学校的培养目标就

是培养适应企业需求和区域经济发展需要的专业技术人才，因此职业学校的专业设置一定要适应区域产业结构调整的需要，避免一成不变，只有这样才可能对社会和市场需求做出积极反应，适时适度地开发出新的专业，对旧的落后的专业进行改造甚至淘汰。只有人才培养方向满足社会需求，才能适销对路，提升学校的办学效益。同时，职业学校专业设置要遵循科学规范的原则，广泛而深入地开展调研工作，减少盲目性和随意性，提高专业设置的可靠性和有效性。职业学校专业设置要建立规范的程序和严格的管理体系。所开发的专业应不仅是社会需要的专业，同时还应该结合学校自身的实际情况，综合考虑自身性质、办学条件、办学特色和发展方向，找出既适合市场人才需求，又符合自身特点的专业进行重点建设，努力做到人无我有，人有我优，积极发挥自身优势，避免同类学校的恶性竞争。

虽然市场可以调节职业学校的专业设置，但我们却又不能过度依赖于市场的调节，否则很容易步入误区：将职业教育的规模与专业结构完全交给市场来进行自我调节，忽视甚至放弃政府的宏观调控，最终导致专业技术人才培养和区域产业、企业用人需求脱节（张慧青，2017）。在近十年当中，西安市职业教育从规模上看似快速发展，而事实上，由于过度依赖市场调节，放任职业教育自由发展，导致很多学校在专业设置和培养方向上呈现盲从态势，看到市场上的热门专业不经过调研便一哄而上，教学质量无法得到有效保障，同时由于学生毕业情况的相对滞后，导致热门专业过热，而毕业学生因为数量过多和质量不高的问题，就业受到影响。此外，由于信息的不对称，学校、学生和家长对于区域产业发展方面把握不够准确，最终培养的学生不能满足当地产业发展需要，使得职业学校无法做到完全服务区域经济发展。企业需求和个人需求之间存在矛盾，单纯靠市场自我调节的目标失灵，缺乏宏观调控的职业教育毕业生在就业目标上也容易出现偏差。因此，随着市场经济不断发展壮大，在经济全球一体化的大背景下，政府必须加强对职业教育的宏观调控，积极开展对职业教育专业设置工作的指导，才能使西安市职业教育得到健康发展。专业设置不仅是职业学校的自主行为，同时也是一种社会行为，合理有效的专业设置离不开当地政府的宏观调控。因此，应当对职业教育的发展进行宏观调控；定期检查并公布社会需求信息及目前的办学状态，依据地区产业结构调整趋势，对今后市场需求量大的专业申请有所放开，对市场需求量小的专业申请有所限制。

近年来，西安市第三产业的产值比重逐年上升，形成了以服务业为主导的经济结构。西安市政府应进一步引导生产要素合理布局，避免激化产业之间同质化竞争，在提升第三产业的前提下，加快培育新兴产业，推动产业高端化发展。同时，应打破行政区划壁垒，鼓励要素集聚与资源优化配置，加强创新技术交流，提高产业集聚能力，强化集群发展，从而加快形成优势互补、协同创新发展的产业发展长效格局，促进要素禀赋结构协调，提升城市整体竞争力。为适应经济社会发展的需要，西安市职业教育要办出特色，在培养目标、人才质量规格和社会效益等各个方面应显著区别于普通高等教育和普通高中教育。

（二）以区域产业为依托，提高专业设置的针对性

西安市第三产业发展迅速，职业学校应在保持优势专业长久发展的基础上，提高教育的前瞻性，扩大新兴专业的招生规模，尤其是理工科教育规模，由此为战略性新兴产业、先进制造业等优势产业输送高层次、高质量人才，激发行业研发活力，为产业协同、要素配置等营造具有创新意识的市场环境，使西安市职业教育与产业结构、行业导向相适应，与区域经济发展相吻合。因而，学校设置专业要具有针对性，而不是随波逐流、盲目上马，这样才能形成自己的办学特色，取得办学效益。职业学校要在主动适应新技术和产业结构调整需求的基础上，结合自身办学条件合理地进行专业设置。在具体操作中既要坚持针对性，又要体现灵活性。比较科学的方法是结合自身特点，在对本区域优势的朝阳产业进行深入调研的基础上，围绕其开发一定数量的专业，形成专业群，以对产业的发展提供更为全面的服务，办出特色，形成品牌效应（张国强等，2011）。对于市场短期急需的专业人才，可以采取开设临

时短期培训专业的方法，这样既能解决市场需求，又能积累专业设置的经验。

例如，以西安悠久的历史文化为依托，建设一批历史文化旅游专业。历史文化旅游就是指借助旅游地蕴涵的文化内涵和区域文化的凝聚力吸引旅游者，把文化内涵和文化的表现形式结合起来。历史文化旅游充满了浓厚的怀旧情结，游客可以通过历史文化旅游景观充分感受科学、艺术、历史文化价值。目前大部分地区的旅游方式为观光旅游，活动内容也相对单一，其中休闲观光为51%、商务旅游为28%、其他为21%。随着人们生活水平的提高，这些初级的观光旅游已经不能满足游客的需要。开发当地的历史和文化旅游这一理念已逐渐得到旅游部门的认可，这将是单一的山水风景旅游思维的一次新的理性升华。西安作为华夏文明的发源地，其悠久的历史文化韵味非常浓厚。西安是国家颁布的第一批全国历史文化名城之一，旅游资源可谓是得天独厚。但是从上述调查中发现，在关中地区还没有院校开设历史文化旅游专业，尽管陕西教育学院设有一个历史文化旅游系，开设有历史教育、旅游管理、导游、文化市场经营与管理4个专业，但并没有将历史文化旅游作为一个专业开设，所以在西安及咸阳等关中地区开展历史文化旅游专业对发展关中地区旅游产业是十分必要的。

（三）以服务产业为目标，提高专业设置的实效性

职业学校想要更好地服务于当地经济发展，必须首先明确办学目标和定位（潘海生和林晓雯，2021）。在人员培训和专业设置的方面，要充分考虑到当地经济的需求，了解当地的经济发展趋势，及时调整专业设置，合理调整培训目标、课程设置和教学内容，以更好地服务于当地经济发展，从而使得学校可以持续满足市场需求，使职业教育自身得到更快的发展和提高（孙小进，2019）。因此，一方面，西安市职业教育机构应积极参与本地经济和工业结构的优化和升级，坚持其为地方经济建设服务的使命，服务区域经济，贴近工业发展，并制订切实可行的人才培

养方案，培养高素质劳动者和专门人才，以帮助推动社会进步和经济发展。另一方面，西安市职业学校要了解当地经济发展的特点和未来的发展方向，并及时关注当地经济发展规划和发展目标，旨在确定人才培养方向，在专业设置方面，坚持以市场需求为服务宗旨，以就业为导向。

职业教育以培养生产一线的技能人才为目标，职业学校要在校企合作方面积极探索，在设置专业时广泛征求企业意见，努力做到目标明确、有的放矢。这种方法所体现的优势是显而易见的：既找准了办学的方向，又为锻炼学生的实践能力提供了空间，同时又在一定程度上解决了学生的出口问题，是一种一举多得的策略。各级各类职业学校应全方位地面向社会自主办学，按市场经济机制去运作，按照社会需求调整专业设置（董小平和廖辉，2017）。例如，西安某中职学校在经过广泛的市场调研后，于2007年秋季起开办微电子技术专业，西安近年来半导体产业发展迅猛，但因为相对于传统产业而言，对员工的综合专业素质要求较高，因而用工缺口较大。该校专业在开办之初，即与美光半导体（西安）公司建立合作关系，至2013年，更被高新技术产业开发区授予"高技能人才培养基地"，同时被国家集成电路西安产业中心授予"半导体技术人才培养基地"，为美光、三星等知名半导体企业开办冠名定制班，既为高新区重点企业减轻了用工压力，又解决了学生出口，同时又为发展学校的中等职业教育注入了新的生机与活力。

第 五 篇

赋能现代化滨海大都市建设
——宁波市职业教育"专业—产业"适应性研究报告

为深入贯彻落实习近平总书记对浙江、对宁波工作重要指示精神和党中央、国务院支持浙江高质量发展建设共同富裕示范区的决策部署，结合全国、浙江省职业教育大会精神，着眼在高质量发展中推进共同富裕和现代化，着力优化社会人力资本配置和提高就业创业能力、满足人民对美好生活向往，立足宁波现实基础和特色优势，职业教育高质量发展赋能现代化滨海大都市建设，经广泛而深入的调研、听取各方意见，形成本报告。

一、职业教育赋能现代化滨海大都市建设的重要意义

（一）深化教育供给侧结构性改革，助力推动现代化经济体系建设

以服务于地区经济发展为目标的区域导向性是职业教育作为一种类型教育的基本特征，且职业教育与区域经济、社会、人口及政策发展间呈现复杂的相互依存关系。我国经济进入高质量发展阶段，高素质技术技能人才是经济高质量发展的核心要素，经济发展和产业结构转型升级对职业教育提出了更高要求。职业教育要从全面服务于社会主义现代化进程、全面服务于经济社会需求出发的角度，强化类型特色和服务导向，

扎根区域经济社会发展实际，形成特色办学定位和目标，打造特色办学模式，增强职业教育与区域经济社会发展的契合度，实现职业教育供给与区域经济社会需求间的平衡，助力推动区域现代化经济体系建设。

（二）调节人才结构，助力推动技能型社会建设

构建技能型社会旨在解决我国人才结构性缺陷，回应当前逆全球化、技术变革、数字化、人工智能和大数据及人口老龄化等趋势，适应市场对技能需求的转变。技能型社会下，就业市场供需平衡将从学历匹配转向技能匹配，意味着劳动力的技能水平将会逐渐成为就业市场判断劳动力人力资本高低的重要依据。职业教育是提高人力资本、加强创新创业能力的主要渠道，通过职业学校教育和职业培训，不断优化技能人才培养体系，让劳者皆有其技，技者皆得精进，适应市场对技能需求的转变，实现技术技能型人才结构的高移化和复合化，实现就业市场的供需平衡，最终形成"国家重视技能、社会崇尚技能、人人学习技能、人人拥有技能"的格局。

（三）提高人口技能水平，助力实现共同富裕美好图景

满足人民群众对美好生活的向往是党的奋斗目标。党的六中全会指出，坚持人民至上，坚持发展为了人民、发展依靠人民、发展成果由人民共享，坚定不移走全体人民共同富裕道路。着力扩大中等收入群体规模，并将技术工人作为扩大中等收入群体的重要内容，要求加大技能人才培养力度，提高技术工人工资待遇，吸引更多高素质人才加入技术工人队伍。职业教育是改善人民生活品质、调整收入分配的民生工程，充分发挥职业教育作为高素质技术技能人才培养的载体功能以及在国民教育体系和人力资源开发体系建设中的主体作用，加快构建面向全体人民、贯穿全生命全周期、服务全产业链的现代职业教育体系，提高人口技能水平，从总体上提升与经济社会发展之间的互动关系及其对于经济社会

发展的贡献力,助力实现共同富裕美好图景。

二、宁波市经济发展与职业教育发展现状

(一) 宁波市经济发展与产业结构变化趋势

2021 年宁波市实现地区生产总值 14594.9 亿元,位列全国城市第 12 位,非省会城市中仅次于深圳市和苏州市,位列第三位,第一、第二、第三产业增加值分别达到 356.1 亿元、6997.2 亿元、7241.6 亿元,三次产业之比为 2.4:48.0:49.6。其中,工业尤其是中高端制造业表现强劲,汽车制造、新能源、高端装备、新材料和电子信息产业发达,2021 年工业增加值 6297.5 亿元,进入中国工业十强城市。近 10 年宁波经济结构逐步从"二三一"向"三二一"演变,第一产业生产总值占比从 2012 年的 3.85% 下降到 2021 年的 2.4%,下降 1.45 个百分点;第二产业和第三产业尤其是工业是宁波市经济发展的支柱,第二产业生产总值占比从 52.07% 下降到 48%,其中工业由 46.4% 下降到 43.1%,分别下降 4.07 个、3.3 个百分点,第三产业生产总值占比从 44.08% 上升到 49.06%,上升 4.98 个百分点,上升幅度较大。

实体经济是宁波制胜未来的根基所在、优势所在、底气所在。今后五年,宁波市将加快制造业"大优强、绿新高"发展,抢先布局人工智能、柔性电子、清洁能源、深海空天信息等未来产业,形成一批具有世界影响力的先进制造业集群和标志性产业链。提升核心基础零部件、关键基础材料、工业基础软件、先进基础工艺、产业技术基础的创新能力,优化企业标准"领跑者"制度,打造一批代表"中国制造"走向世界的产品、品牌和标准。超常规发展数字经济,培育壮大四大千亿元级数字制造业、四大千亿元级数字服务业,打造特色型中国软件名城、工业互联网领军城市、集成电路特色产业基地。促进现代服务业与先进制造业、现代农业深度融合,加快港航物流、现代金融、科技信息、法律会计、

人力资源等产业集聚发展。做强产业平台能级，一体推进区（县、市）开发园区系统性重构，加快打造"万亩千亿"新产业平台。推进产业基础高级化、产业链现代化，不断增强现代产业体系竞争力。

（二）宁波市职业学校分布情况

截至 2021 年底，宁波市完成招生专业备案的中等职业学校 31 所。其中，国家级改革发展示范校 10 所、省级改革发展示范校 8 所，高职学校共计 7 所（其中本科层次职业学校 1 所、专科层次职业学校 6 所），中国特色高水平高职学校建设单位 1 所，浙江省高水平职业学校建设单位 3 所、省高水平专业（群）建设单位 1 所，另外招收专科层次职业教育专业的普通本科学校 1 所（以下简称高职学校）。宁波市中高职学校在校生人数大体相当，分别为 7.4 万人和 7 万人。从区域分布看，鄞州区为职业学校分布较为密集的区域，中高职分布分别达到 7 所和 2 所，其次是海曙区中高职分布分别达到 4 所和 2 所，余姚市、宁海县、象山县无高职学校分布，但中职部分较多，分别达到 5 所、4 所、3 所，江北区和镇海区职业学校分布最少，分别仅有 1 所高职和 1 所中职学校（见表 1）。

表 1　　　　　　　　2021 年宁波市职业学校区域分布情况

类型	海曙	江北	镇海	北仑	鄞州	奉化	余姚	慈溪	宁海	象山	合计
中职（所）	4	0	1	1	7	2	5	4	4	3	31
高职（所）	2	1	0	1	2	1	0	1	0	0	8

（三）宁波市职业学校专业设置情况

根据 2021 年职业教育新版专业目录，2021 年宁波 31 所中职学校共设有 15 个专业大类、89 个专业种类，覆盖率分别为 78.95% 和 24.86%，专业布点数 297 个，其中设置目录新增和更名专业的布点数 85 个，占比 28.62%；8 所高职学校共设有 17 个专业大类、141 个专业种类，覆盖率分别为 89.47% 和 18.95%，专业布点数 284 个，其中设置目录新增和更名专业的布点数 67 个，占比 23.59%。从学校设置情况看，中职学校设置的专业大类排名前三位分别是财经商贸大类（27 所）、电子与信息大类（19 所）、装备制造大类（18 所），高职设置的专业大类排名前三位的分别是文化艺术大类（7 所）、财经商贸大类（6 所）、电子与信息大类（5 所），水利、公安与司法等 2 个专业大类均无学校设置专业，资源环境与安全、能源动力与材料等 2 个专业大类均无中职学校设置，食品药品与粮食、轻工纺织、生物与化工、农林牧渔、能源动力与材料等专业大类仅 1 所高职学校设置。从专业布点来看，中职专业布点数排名前三位的分别是装备制造大类（57 个）、财经商贸大类（55 个）、交通运输大类（35 个），排名后三位分别是生物与化工大类（1 个）、食品药品与粮食大类（1 个）、公共管理与服务大类（4 个）；高职学校专业布点数排名前三位分别是财经商贸大类（54 个）、文化艺术大类（37 个）、电子与信息大类（29 个），排名后三位分别是能源动力与材料大类（1 个）、资源环境与安全大类（2 个）、公共管理与服务大类（3 个）（见表 2）。

表 2　　　　　2021 年宁波市职业学校专业大类设置分布情况

专业大类		农林牧渔	资源环境与安全	能源动力与材料	土木建筑	水利	装备制造	生物与化工	轻工纺织	食品药品与粮食	交通运输
中职	学校数（所）	3	0	0	6	0	18	1	7	1	15
中职	布点数（个）	8	0	0	13	0	57	1	10	1	35
高职	学校数（所）	1	2	1	4	0	4	1	2	1	3
高职	布点数（个）	4	2	1	14	0	28	5	15	22	7

专业大类		电子与信息	医药卫生	财经商贸	旅游	文化艺术	新闻传播	教育与体育	公安与司法	公共管理与服务	合计
中职	学校数（所）	19	4	27	11	15	6	8	0	4	—
中职	布点数（个）	33	6	55	27	29	6	12	0	4	297
高职	学校数（所）	5	3	6	4	7	3	4	0	2	—
高职	布点数（个）	29	25	54	10	37	8	20	0	3	284

宁波市职业学校在三次产业中专业设置特点鲜明,呈现出"三二一"专业结构。2021年,高职学校设置与第一产业相关专业的布点数4个,占比1.41%;第二产业专业布点数90个,占比31.69%;第三产业专业布点数190个,占比66.9%,中职专业布局结构特点则更为明显,第一、第二、第三产业专业占比分别为2.36%、26.6%、71.04%(见表3)。

表3   2021年宁波市职业学校专业三次产业布点情况

类型	专业布点数(个)			专业布点比率(%)		
	第一产业	第二产业	第三产业	第一产业	第二产业	第三产业
中职	7	79	211	2.36	26.6	71.04
高职	4	90	190	1.41	31.69	66.9

三、宁波市职业教育发展问题与分析

近年来,宁波市委、市政府把发展职业教育作为城市发展战略的重要引擎,围绕宁波"名城名都"建设、"中国制造2025"试点示范、"一带一路"建设综合试验区等城市发展战略,提升职业教育的人才支撑能力、技术服务能力和创新创业能力。基于本报告建立的职业教育"专业—产业"适应性理论框架,从职业教育专业设置与区域产业之间的布局适应性、规模适应性、层次适应性、规格适应性及适应效益这五个维度进行分析,可以发现,在聚焦高质量发展中推进共同富裕和现代化,赋能现代化滨海大都市建设的过程中,宁波职业教育还存在四个方面的不足,表现为高端技术技能人才贯通培养体系有待完善、专业结构与产业结构适应性有待提升、专业布局动态调整力度有待加强、专业尚未形成反哺产业效应。

(一)高端技术技能人才贯通培养体系有待完善

产业基础高级化、产业链现代化和产业治理现代化亟须更多高端技术技能人才。目前宁波职业学校布局以中职为主，4个县（市、区）无高职学校分布，1所本科层次高职学校以食品药品与粮食、医药卫生大类专业为主，高端技术技能人才培养层级受限。中高职专业大类设置分布中，技术形成周期较短的财经商贸、文化艺术、新闻传播、公共管理与服务等专业大类适应性好，对接宁波重点产业、技能形成周期较长的资源环境与安全、能源动力与材料、装备制造、生物与化工、医药卫生等专业大类适应性弱，缺乏中职专业基础，不利于高端技术技能人才贯通培养。

（二）专业结构与产业结构适应性有待提升

宁波市2021年三次产业之比为2.4：48.0：49.6，中职专业设置的产业比重为2.36：26.6：71.04，第一产业的适应性较好，第二、第三产业适应性较弱。高职专业设置的产业比重为1.41：31.69：66.9，相对于中职学校，高职学校第一产业专业设置过少且适应性较弱，第二、第三产业适应性稍好，但同样存在第二产业专业设置少、第三产业专业设置多的问题。宁波市是全国重要的先进制造业基地，第二产业仍占主导地位，但低办学成本的所谓热门专业设置过多，对智能制造类等战略新兴产业相关专业产生挤出效应，与产业结构适应性不强。

（三）专业布局动态调整力度有待加强

根据2013年以来专业大类布点比率与三次产业比率相关性分析（见表4），文化艺术、电子与信息、轻工纺织、土木建筑、交通运输、生物与化工等专业大类能主动对接产业变化，专业结构供给与产业结构需求动态适应情况较好；财经商贸、装备制造、医药卫生、教育与体育、旅游、农林牧渔、公共管理与服务、资源环境与安全等专业大类结构供给与产业结构需求动态适应情况较弱。说明存在"热门专业"扎堆过剩与考生不愿意从事第一产业、第二产业相关专业市场供给不足的结构性矛盾。

表 4　　　　部分专业大类布点比率与产业比率 Pearson 相关系数

产业类型	财经商贸 (19.01)	文化艺术 (13.03)	电子与信息 (10.21)	装备制造 (9.86)	医药卫生 (8.8)	教育与体育 (7.04)	轻工纺织 (5.28)
第一产业	0.451	−0.705*	0.525	0.244	−0.252	0.273	0.605
第二产业	0.412	−0.908**	0.673*	0.157	−0.423	0.177	0.711*
第三产业	−0.431	0.901**	−0.668	−0.176	0.407	−0.199	−0.715*

产业类型	土木建筑 (4.93)	旅游 (3.52)	交通运输 (2.46)	生物与化工 (1.76)	农林牧渔 (1.41)	公共管理 与服务 (1.06)	资源环境 与安全 (0.7)
第一产业	0.607	−0.1	−0.85**	0.815**	−0.08	0.345	−0.219
第二产业	0.713*	0.144	−0.724*	0.792*	0.36	0.264	−0.096
第三产业	−0.717*	−0.108	0.767*	−0.82*	−0.296	−0.285	0.12

注：$*p < 0.05$，$**p < 0.01$；专业大类括号数字指 2021 年的专业布点数占比。

（四）专业尚未形成反哺产业效应

根据宁波市各县（市、区）区域主导产业分布及区域内职业学校专业布点情况，职业学校与区域主导产业相关专业布点比率整体较低，但中职学校总体上优于高职学校（见表 5）。分区域看，中职学校专业与主导产业对应性稍强的区域有余姚市、慈溪市、北仑区、宁海县，与主导产业相关的专业布点比率均在 30% 以上；高职学校专业与主导产业对应性较强的区域有北仑区、海曙区和江北区，与主导产业相关的专业布点比率为 29.17%、15.63%、13.21%，其他区域均在 10% 以下，不利于反哺岗位升级优化产业结构。根据 2021 年宁波职业学校专业集聚度（专业设置数量与专业大类比值）（见表 6），中高职学校分别集中在（1.5，2〕和（3.5，4.5〕两个区间，高职总体上优于中职学校。宁波职业学校专业集聚程度整体较低，专业布局松散，难以形成强大的专业辐射效应。

表5 2021年宁波市各区域职业学校专业与主导产业对应情况

	类型	海曙	江北	镇海	北仑	鄞州	奉化	余姚	慈溪	宁海	象山
中职	布点数（个）	8	—	3	6	19	5	10	13	10	8
	比率（%）	21.62	—	25	31.58	24.68	21.74	34.48	34.21	30.3	28.57
高职	布点数（个）	10	7	—	14	5	1	—	1	—	—
	比率（%）	15.63	13.21	—	29.17	6.76	3.45	—	6.25	—	—

表6 2021年宁波市职业学校专业集聚程度

集聚度区间		1	(1, 1.5]	(1.5, 2]	(2, 2.5]	(2.5, 3]
学校数	中职	3	3	15	5	2
	高职	0	0	0	2	0
集聚度区间		(3, 3.5]	(3.5, 4]	(4, 4.5]	(4.5, 5]	(5, +∞)
学校数	中职	1	2	0	0	0
	高职	0	2	2	0	2

四、职业教育高质量发展对策与建议

针对宁波市职业教育发展存在的不足，围绕高质量发展主线，提升职业教育现代化水平和服务能力，激发职业教育办学活力，形成职业教育发展合力，为助力共同富裕先行市和现代化滨海大都市建设提供多层次高质量的人才支撑和技能支撑。

（一）提升职业教育服务经济社会发展能力

1. 提升职业教育服务宁波标志性产业发展能力

一是构建专业结构与产业发展动态调整机制。充分发挥政府规划、政策、管理的引导作用，本着适应社会、稳定规模、内涵发展、动态调整的原则，构建专业与地方产业发展的适应性预警机制，促进职业教育各种资源要素的优化配置。根据宁波制造业"大优强、绿新高"发展要求，聚焦特色型中国软件名城、工业互联网领军城市、集成电路特色产业基地建设及港航物流、现代金融、科技信息、法律会计、人力资源等产业集聚发展，指导职业学校紧盯产业链条、紧盯企业需求、紧盯社会急需、紧盯市场信号、紧盯政策框架、紧盯技术前沿，通过调控各专业大类招生规模分配、差异化投入、政策项目引导等方式，重点发展绿色石化、汽车、新材料、高端装备、人工智能等战略性新兴产业和智能成型装备、光学电子等先进制造领域相关专业。完善专业评估制度，推动就业情况、招生计划、专业动态"三结合"联动机制，量化考核标准，动态公布预警和退出专业清单。对于就业率及与地区产业发展方向契合度"双低"的专业，要明确提出整改方案和"末位退出"机制，促进专业建设管理的规范化、科学化。建立宁波产业—就业—专业信息发布平台，定期发布产业信息、专业信息和招生就业信息，基于大数据统计结果对未来5年的专业发展趋势进行科学预测，指导行业协会做好特定行业就业人员规格、技能需求的科学预测，引导职业学校及时调整专业设置，优化专业结构。

二是提升职业教育对产业发展的贡献程度。根据宁波加快建设现代化滨海大都市的战略部署，在职业学校重点培育一批与医疗健康、工业互联网、"5G＋"、数字经济、智能物流等重点领域新兴产业紧密对接的专业集群，重点关注技术革新与产业变革，实现专业与区域之间融合发展。重点加大国家、省级高水平学校及专业（群）建设力度，对标宁波十大标志性产业链打造和国家级产业集群建设，提高专业标准化、国际化和信息化建设水平，打造一批高辨识度、高影响力的品牌专业（群），提升专业对产业发展的支撑度与贡献度。加强教学过程与生产过程对接、课程内容与职业标准对接、教学方法与工作过程对接等，实现教学与生产之间融合发展，完善校企资源投入、成本分担和利益共享的合作育人机制，推行面向企业真实生产环境的人才培养模式，扩大培养比例。推动职业学校与行业企业深度合作，强化专业与行业企业之间融合发展，加强与宁波国家级制造业单项冠军、专精特新"小巨人"企业、龙头企业、行业领军企业合作，通过建立职教联盟、产业学院、多元合作办学等方式，构建多元主体合作联动机制，形成校企命运共同体的职教生态圈，实现产教两端人才和技术供需的精准对接。

2. 提升职业教育服务宁波普惠性人力资本提升能力

一是提高中低收入群体学历层次。开发以"甬学码"为载体的交互式智慧学习平台，满足全民处处、时时、按需终身学习的需求。建立高中及以下学历常住人口花名册和学历教育需求数据库，实施学历教育进企业行动，力争做好愿学尽学、能学皆学，为企业职工学历提升提供教育支撑。改革成人"双证制"学籍注册制度为即时注册制度，建立"多次上机考试，随机生成试卷，即时告知成绩"的线上考试制度，为社会学员弹性学考提供便利。开展成人高等学历教育提质工程，不断优化"学历＋技能"的专业人才培养模式。扩大面向企业一线职工、农村实用人才、乡村党员干部、社区网格员、农民工、"两后生"等重要群体的免试入学名额，针对生产经营实践需要，整合优质资源，动态调整相关专业课程体系、师资队伍建设与"工学结合"培养机制，将企业学徒制培训、高素质农民培训、劳动力转移培训等与学历教育融为一体，切实提升社会人员学历教育的质量与效益。

二是提高中低收入群体技能水平。建设集技能学习、培训信息管理和技能成果认定于一体的"甬易学"技能培训平台，丰富技能学习资源，拓展技能学习场景，优化市民在线技能学习服务供给。构建"市—县（区）—镇（乡）—社区（村）"四级技能服务体系，形成"驻园＋分散""院校＋企业""统筹＋自主"的多样态结合、多层次融合、多类型覆盖的立体职业技能培训体系，打造15分钟技能圈，开展家政、养老、托幼、电商、汽修、电工等就业创业技能培训项目，实现低收入群体技能培训全覆盖。建立培训意愿清单，就业困难人员、"零就业"家庭实名制动态管理机制，完善面向低收入群体的就业创业技能培训工种补贴标准、职业培训补贴、生活费补贴和职业技能鉴定补贴制度。

3. 提升职业教育服务"一老一小"重点人群技能提升能力

一是创新中小学职业教育服务体系。推动职业学校联合中小学开发中小学劳动和职业启蒙教育服务体系，为开展多元优质的青少年校外素质教育提供师资与课程保障。

二是实施老年人智慧技能普及行动。提高老年人运用智能手机的能力，保障老年人网上支付安全。建设老年教育精品课程体系，开发各类老年教育精品课程 50 余门、开发老年教育系列精品校本教材、微课程、教学视频库，建成"宁波老年教育精品课程资源库"，开放共享惠及全市老年学员。

（二）激发职业教育办学活力

1. 贯通高端技术技能人才培育体系

一是加强对职业教育中高本专业体系的系统设计。大力推动宁波市优质高职学校升格本科层次职业教育、开办本科层次的职业教育专业，搭建中高本专业衔接的具体升学通道，明确专业衔接的招生、考试、升学等衔接步骤，制订中高本专业衔接的可操作性方案，打通职业教育层次化发展的断层。

二是构建职业教育中高职本一体化专业体系。宁波市正着力打造十大标志性产业链，培育壮大四大千亿元级数智化制造业、四大千亿级数智化服务业，迭代建设"产业大脑＋未来工厂"，鼓励职业学校针对资源环境与安全、能源动力与材料、装备制造、生物与化工、医药卫生等经济社会发展急需紧缺、行业岗位技术含量高、专业技能训练周期长的专业大类，试点实施长学制培养模式，开发一批标准化长学制人才培养标准，清晰界定各层次的人才培养定位，并据此制定一体化专业教学标准、一体化核心课程标准、一体化实训条件建设标准和一体化顶岗实习标准，构建全方位、立体化的职业教育中高职（本）专业体系，为产业提质升级培养高素质技术技能人才。

2. 提升职业学校人才培养质量

一是落实立德树人根本任务。认真贯彻党的教育方针，坚持社会主义办学方向不动摇。推进习近平新时代中国特色社会主义思想进教材、进课堂、进头脑，成立市级"三进"教育指导中心，大力开展习近平新时代中国特色社会主义思想理论研究与宣讲活动。构建"线上线下互联、课内课外合力、校内校外同育、理论实践融合"的中高本一体化"大德育"工作体系。培育省级"三全育人"学校、省级名班主任工作室、省级德育特色案例，打造具有宁波职教辨识度的红色文化研学旅行示范基地。培育职业技能文化品牌，推动职业学校深入开展中华优秀传统文化传承发展研究，打造特色鲜明、品位高雅、内涵丰富、感染力强的职业技能文化品牌。深化新时代思政课改革创新，建设一批高质量思政课程，提高思政课程质量和实效。实施思政课教师教学技能和素质提升计划，全面提升思政课教师的理论功底、知识素养。

二是深化三教改革。在教师改革层面，适应人才培养模式改革的需要，按照开放性和职业性的内在要求，建立普通高等学校、职业学校与行业企业联合培养"双师型"教师机制，校企共建"双师型"教师培养培训基地和教师企业实践基地，提高教师实践教学能力。在教材改革层面，推动校企共同开发融入新技术、新工艺、新规范的新形态一体化、工作手册式、活页式、融媒体教材，形成立体化、数字化教材体系。同时，根据 1 + X 证书制度试点的进展，及时将新工艺、新规范充实进入教材内容，实现书证融通。出台一批高于国家标准、体现宁波特色的地方教学相关标准，指导职业学校依据标准自主制订人才培养方案。在教法改革层面，更加注重教学过程的实践性、开放性和职业性改革，通过实验、实训、实习三个关键环节的改革，带动专业调整与建设，引导课程设置、教学内容改革。在具体教学过程中，加强教学能力比赛优秀成果转化，探索分工协作的模块化教学组织方式，大力推广案例教学、项目化教学、模块化教学、混合式教学，推进大数据、5G、人工智能、虚拟现实等现代信息技术在教育教学中的运用，加强网络学习空间建设，推广实时互动、翻转课堂、移动学习等信息化教学模式，提高课堂教学质量。

3. 优化职业教育资源配置

一是加强县域职业教育中心学校。强化中职教育的基础性作用，保持高中阶段教育职普协调发展，注重为高等职业教育输送具有扎实技术技能基础和合格文化基础的生源。优化布局结构，各区（县、市）集中力量建好办好一所符合当地经济社会发展和技术技能人才培养需要的职业教育中心学校，开展多种形式的职业教育，实施实用技术培训，承担教育教学指导、教育质量评价、教师培训等职业教育公共管理和服务工作。大力提升中等职业教育办学质量，深化推进浙江省"双高计划"，重点打造一批全国优质中职学校与中职专业。

二是建立差异化拨款机制。各级政府要依法履行职业教育发展责任，健全以政府投入为主、多渠道筹集的增长性经费投入机制，优化财政支出结构，新增财政性教育经费投入向职业教育倾斜，探索建立基于专业大类的职业教育差异化生均拨款制度。科学测算职业教育的办学成本和投入需求，建立与办学规模、培养成本、办学质量相适应的拨款制度，提高标志性产业、先进制造类及其他紧缺领域等相关专业生均拨款标准，完善职业学校学费标准与人才培养成本一致的动态调整机制。鼓励社会力量捐资、出资兴办职业教育，健全成本分担机制，拓宽办学筹资渠道，提高经费使用效益。鼓励通过购买服务、助学贷款、奖助学金等方式对民办职业学校予以扶持。

三是健全职业教育质量评价体系。制定《宁波市职业学校办学质量评价指南》，开展职业学校适应社会需求能力评估行动，构建政府管理、学校办学和行业企业第三方评价的职业教育评价共同体，深化职业学校质量年报和毕业生年报第三方评价反馈机制。健全"师德第一、能力本位"的教师评价标准。制定校本化的"双师型"教师认定标准，完善"分类分层、成果聚焦"的职称评审办法，探索建立代表性成果评价、内外专家联合评议、第三方机构独立评价相融合的评价机制。推进"五育融合"的学生素养评价。制定《宁波市职业学校学生综合素质评定办法》，建立 1 + X 证书与学业水平考试对接的等级制评价模式，探索构建中高一体化职业资格证书考评体系，探索"个性智能"的学生全息评价。

（三）形成职业教育发展合力

1. 履行法定职责，推动政行校企协同育人

坚定履行《中华人民共和国职业教育法》的法定职责，建立职业教育工作协调机制，实行政府统筹、分级管理、地方为主、行业指导、校企合作、社会参与，形成职业教育发展全社会合力，推动政行校企协同育人。各级政府应当将发展职业教育纳入国民经济和社会发展规划，与促进就业创业和推动发展方式转变、产业结构调整、技术优化升级等整体部署、统筹实施。教育行政部门负责职业教育工作的统筹规划、综合协调、宏观管理。人力资源社会保障行政部门和其他有关部门在国务院规定的职责范围内，分别负责有关的职业教育工作。发挥企业的重要办学主体作用，推动企业深度参与职业教育，鼓励企业举办高质量职业教育。有关行业主管部门、工会等群团组织、行业组织、企业、事业单位等应当依法履行实施职业教育的义务，参与、支持或者开展职业教育。

2. 深化产教融合，促进技能型社会建设

全面推行中国特色学徒制等"校企双元"育人模式，支持宁波市优质中职学校与高职学校联合开展长学制技术技能人才培养试点。加快探索岗课赛证融合，加强"双师型"教师队伍建设，实施职业学校产业教授选聘计划。大力推广线上线下混合式教学，探索虚拟工厂等网络学习空间建设和普遍应用。打造滨海职教科技城，强化"产、学、研、培、用"协同发展。建立产教融合型企业认证制度，依托单项冠军企业、"专

精特新"小巨人企业加大产业学院建设，推进"产城、产教、教城"融合互动。为进一步深化宁波市产教融合，促进教育链、人才链与产业链、创新链有机衔接，全面提升教育水平和人力资源质量。增强校企合作支撑力度，建立校企合作"负面清单"制度，鼓励职业学校和企业在"负面清单"外创新各种合作形式。

3. 创新智慧平台，助力打造职教"数字大脑"

建设专业动态管理系统。坚持产业导向与专业设置匹配的原则，建立专业分类管理制度，规范职业学校专业设置指导标准；建立专业多元评价制度，定期发布第三方专业评估报告和各院校专业教学质量报告。建立专业设置与动态调整宏观引导机制，定期发布职业教育专业目录和国家重点支持专业清单；建立专业设置与动态调整自主在线申报机制，定期采集和完善职业学校新设专业、专业修改和专业动态调整的数据信息。建设政府引导、市场参与的职教资源共建共享机制。推进虚实结合、中高一体的专业教学资源库建设应用。着重建设集技能实训、职业培训及科普教育为一体化的示范性虚拟仿真实训基地（虚拟仿真技术协同创新中心）；坚持集成创新，搭建中高本一体化的专业教学资源中心，重点开发 10 个左右市级专业教学资源库，分级遴选 100 门职业教育在线精品课程，进一步扩大优质资源覆盖面。优化教育质量监测系统。搭建区域职业教育信息化质量管理与诊断分析平台，构建"诊改中心、预警中心、报告中心、文件中心、数据中心"五大功能中心；搭建区域平台的"数字底座"，实现区域职业学校现有各类离散数据的全面汇聚与对接，保证数据的全面性与连续性。打造集"区域画像、校级画像、班级画像、教师画像与学生画像"的智能画像精准决策分析系统。建立"数据支持、管理支撑、业务支持"三大支持体系，提高各部门协同效率，提供全面的职业教育决策依据；搭建"事前设计组织＋事中监测预警＋事后诊断改进"的质量保证运行体系，形成全网络、全过程、全方位、全预警的主体治理模式，全面支撑全市职业学校发展战略。

4. 落实保障措施，营造崇技尚能社会氛围

各级政府要依法履行职业教育发展责任，建立增长性经费投入机制，确保新增财政性教育经费投入向职业教育倾斜。科学测算中等职业教育的办学成本和投入需求，建立与办学规模、培养成本、办学质量相适应的拨款制度，到2023年，中职学校生均拨款水平达到普通高中的2倍以上，高职学校生均拨款与普通本科院校持平。逐步取消中职学校免学费政策，探索建立符合中等职业教育发展要求的学费收取制度，根据培养成本明确收费标准，完善国家奖助学金制度。加强对职业教育发展的宣传力度，引导职业学校建好用好新型宣传平台，讲好身边的职教故事。按照国家有关规定完善职业教育先进单位和先进个人表彰奖励制度。办好职业教育活动周，深入开展"优秀职校生校园分享""全民终身学习活动周"等活动。推进职业学校校园开放常态化，面向社会开展便民服务等活动，提升职业教育的社会影响力和美誉度。

第四部分

高职学校"专业—产业"
适应性典型案例

一、引　言

职业教育"专业—产业"适应性涉及人才培养和供给、技术研发和服务、城市产业发展与动能转换等多个层面。职业学校可通过加强产教融合和校企合作等形式进一步促进专业与产业的衔接，融入地方区域经济发展格局，匹配地方产业结构，形成良性互动闭环。学思用贯通，知信行合一。15个副省级城市所属高职学校在加强专业和产业适配度方面做了许多有建设性意义的探索和实践，形成了可供复制和推广的经验。为呈现高职学校产教融合及校企合作现状，深挖区域高职学校的具体做法和特色亮点，项目组决定在总报告和城市分报告的基础上添加15个副省级城市所在高职学校专业在主动对接区域产业的具体实践案例，使之成为项目报告的有益补充。

为保证案例的真实性，项目组决定以各校的质量年报为案例来源。之所以选择质量年报，是因为年报往往凝练了该校在过去一年内的经验做法，是对年度成果的汇编和展示，具有极高的真实性、参考性及价值。为保证案例时效性，以2022年的质量年报为研究对象，从中国高职高专教育网上检索相关城市的高等职业学校质量年报，阅读其中的相关内容，并摘抄具体案例。除必要的措辞和格式修改外，保留原始文本内容，以求原汁原味地呈现相关院校通过产业融合和校企合作调整专业布局，优化专业设置的具体举措，彰显各高职学校优势和特色。

在案例选择标准上，项目组首先考虑案例来源院校的级别，如是否为双高建设单位，优先选择相关城市中入选国家或省级双高建设的学校，检索发现除大连以外的14个城市均有至少一所高职学校入选国家或省双高建设计划。其次，考虑所选案例的代表性和覆盖面，尽量凸显案例对产教融合各个维度和层面的展示，如产业学院模式、现代学徒制模式、多元融合模式及其他特色模式等。结合上述条件，最后选择包括山东商业职业技术学院等在内的19所高职学校作为典型实践案例来源（见表1）。

表1 质量年报来源院校

序号	城市	院校名称	序号	城市	院校名称
1	济南	山东商业职业技术学院	11	长春	长春汽车工业高等专科学校
2	深圳	深圳职业技术学院	12	哈尔滨	哈尔滨职业技术学院
3	杭州	浙江机电职业技术学院	13	武汉	武汉船舶职业技术学院
4	沈阳	辽宁省交通高等专科学校	14	西安	西安航空职业技术学院
5	沈阳	辽宁轨道交通职业学院	15	成都	成都航空职业技术学院
6	南京	南京信息职业技术学院	16	青岛	青岛职业技术学院
7	宁波	浙江工商职业技术学院	17	青岛	青岛酒店管理职业技术学院
8	宁波	宁波职业技术学院	18	厦门	厦门城市职业学院
9	广州	广州番禺职业技术学院	19	大连	辽宁轻工职业学院
10	广州	广州铁路职业技术学院			

二、典型模式和经验做法

（一）产业学院模式

1. 山东商业职业技术学院

学校以"名校名企育优生"为战略，梳理了国家和省市 20 余项产教融合发展政策，分析了山东省内 4 个国家级产教融合企业和 142 家省级产教融合型企业，建立了以政策为指引、以落实落地为目标的工作思路。充分利用集团办学优势，积极对接集团内产教融合型企业，以共商、共建、共享、共赢为原则，从学校与企业实际出发，共同分析产教融合型企业建设规划，整体推进具体项目的实施。

学校主动适应区域经济快速发展的需要和产业转型升级对人才的需求，通过"1 + 1 + N"产业学院模型（即 1 个专业群联合 1 - 2 个行业领先知名大企业共同建设产业学院，为产业链和行业链上的众多中小企业发展赋能），形成"人才共育、过程共管、成果共享、责任共担"的校企合作机制和"合作办学、合作育人、合作就业、合作发展"的校企共融共生一体化办学模式。

> **案例：**
>
> ### 产教互融共生、校企一体育人，打造全国优质样板
>
> 围绕高素质技术技能人才培养，学校与鲁商集团形成了"党建引领立德树人、商德涵养文化育人、劳动淬炼技能成人"产教融合人才培养模式。自 1992 年合作开展大厦班订单班开始，大致可以分为以订单培养为代表的人才培养模式改革探索、以共建新专业和股份制学院为代表的混合所有制模式改革探索、以双高计划和产教融合型企业批复为代表的产教互融共生校企命运共同体探索的三个阶段。针对集团优势产业开展专业共建，在市场营销等 5 个专业开展了 6 个合作办学项目，真正实现校企双层次螺旋发展、一体化协同创新，达到专业链、产业链、教育链、人才链四链融合，资源、管理、利益、人员和文化五维协同。双方共同凝练行业产教互融的标准，打造大型行业产业集团和高端职业教育相互助益、相携发展的典范，为全国职业教育和行业产业深度融合贡献横向融通、纵向贯通的"产教互融共生、校企一体育人"命运共同体优质样板（见图 1）。

图 1　山东商业职业技术学院"产教互融共生、校企一体育人"优质样板

2. 深圳职业技术学院

学校已形成以产教融合、职普融合、理实融合、教育与生活融合、技术与文化融合、人工智能与教学融合等"六融合"为特征的职业教育人才培养模式，提升学生的专业核心能力、就业能力、职业生涯拓展能力、幸福生活创造能力，打造技术技能人才培养高地。

产教融合实现校企双元育人，校企合作创建特色产业学院。精准对接深圳科技、产业创新发展需求，与龙头企业、领军企业、科研机构等联合举办特色产业学院，为粤港澳大湾区和深圳国际科技、产业创新中心建设培育"大国工匠"。依托共建特色产业学院，探索多元化办学体制，整合优质社会资源，共建瞄准世界产业发展前沿和与重点产业相匹配的专业，校企共同开展党建、共同开发专业标准、共同开发课程标准、共同打造高水平双师型团队、共同解决"卡脖子"技术和工艺、共同制定行业标准、共同开发证书、共同开展创新创业、共同开展协同治理、共同"走出去"。截至2021年8月，学校已建成12个特色产业学院。

案例：

深职院—天健集团特色产业学院践行九个共同全方位合作育人模式

建环学院与天健集团开展深度合作，通过共建特色产业学院——天健建工学院，共同开展党建活动，共同开发课程：将天健集团的技术标准转化为课程标准，进而形成教学资源，校企共同开发校企合作金课1门：建筑计算机绘图；共建"双师型"结构化教学团队：开展高职扩招专业教师专项培训18人，共同打造创新教学团队；共同开展BIM技术服务项目3项，横向服务经费68万元；共同开发"深圳市工程建设行业工匠"认证证书，开展工匠培训，共同组织实施1+X（BIM）证书制度工作，考证人数累计878人；共同参加教育部技能"非洲计划"项目，对接科特迪瓦国立理工学院，预计2021年9月开始招生，首批培养30人。企业立项为深圳市职业教育校外公共实训基地、广东省发改委产教融合型企业；校企共建的师资团队获得职业教育教学能力大赛广东省一等奖，获得国赛资格。

3. 浙江机电职业技术学院

学校建立了以"产学指导与合作委员会"为中心和纽带的政行企校"四方联动"组织机构。由政府部门领导、相关行业企业专家及学院老师组成的"产学指导与合作委员会"具有产学互动服务、顶岗实习管理、订单式人才培养等服务功能。浙江省机电集团公司作为学院的举办方，是浙江省机械工业联合会会长单位，拥有成员单位企业1000余家。学院作为省职教集团核心成员，充分利用集团下属研究院、高新企业等资源，发挥自身专业布局、师资、基地、社会服务、国际化等优势，积极探索集团化办学新模式。推进学院与行业企业之间开展产学互动、学生顶岗实习、订单式人才培养、企业职工培训、技术标准实施培训等工作。

学校通过校企联手，继续实施现代学制人才培养。作为教育部首批现代学徒制试点单位，学校依托中国长三角智能制造职教集团秘书长单位、省职教集团核心成员单位、全国现代焊接职教集团理事长单位、国家"双高校"A档建设单位等优势，充分利用职教集团下属研究院、高新企业等资源，以"六共同、双主体"育人培养模式为特色，深入开展现代学徒制试点，并开创混合所有制形式、联合企业内部大学合作、协调行业协会参与、双元制等多种新型现代学徒制培养模式，形成"浙江机电"范例。

案例：

校企共享，边建边试：混合所有制学院——浙江能源学院

学院携手浙江省能源集团、浙江省机电集团，由浙江能源集团首期投资100万元，学院投入相关实验实训设备200多万元，成立"浙江能源学院"。浙江能源集团从二年级第一学期开始，在机电一体化技术、电气自动化技术专业中选拔学生组建了"天然气运行班"和"电力工程技术班"等2个双元制班（见图2）。对接企业岗位标准，校企共同开发模块化课程体系。共53位同学顺利毕业，毕业率100%。37位（近70%）同学留在浙江能源集团公司继续工作。

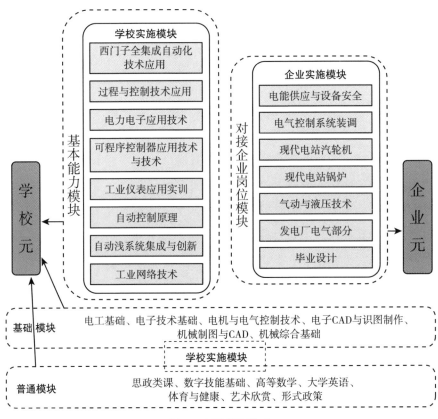

图 2　双元制班模式

4. 浙江工商职业技术学院

学校按照强化产教融合"五个对接",创新校企双元育人原则,先后与慈溪、海曙等县(市、区)开展人才培养、技术升级、服务社会、文化引领等多领域合作,建成慈溪学院,达成与海曙区"1 + 10"项目的战略合作,形成了"一体多翼"的办学格局。依托宁波市影视制作行业协会等6家行业协会和宁波市电子商务行业指导委员会等3家行业指导委员会,搭建了一系列产教融合平台。学校主动对接浙江省县域先进制造业产业集群,与宁海县、慈溪市政府及相关企业共建宁海学院、慈溪学院两大现代产业学院,构建了"学训用创"育人模式,实现学校与县域产业集群共融共生,破解制造类专业学生对县域产业集群认知上不了解、技能上不匹配、情感上不认同,进而出现"下不去""用不上""留不住"等问题。

案例：

基于县域产业集群的现代产业学院"学训用创"
育人模式创新与实践

学校基于宁海模具和慈溪家电产业集群，在宁海学院和慈溪学院两大现代产业学院构建了"学训用创"育人模式。经过近六年实践，人才培养质量提升明显，毕业生就业率达98%以上，1912名学生留在宁海和慈溪就业，是毕业生当地就业率最高的高校，获评模具设计与制造等国家级重点专业2个，获批国家级示范性职教集团、国家级协同创新中心和国家级技能大师工作室，获"中国产学研合作促进奖"（3次）和"中国产学研合作创新奖"。

一、重构"学什么"：课程与龙头企业技术标准对接

对接公牛集团、华宝智能科技等龙头企业技术标准，面向模具数字化设计、智能制造等岗位（群），构建基于工作过程的专业课程体系，开发基于典型任务的专业核心课程，满足学生胜任相关岗位（群）工作任务的知识技能素质需求。

二、改进"怎么训"：校内导师与企业工匠共育

邀请浙江工匠李进等企业工匠，承担课程实训、技能竞赛和专题制作教学任务，指导学生在均胜电子、得力文具等企业车间开展实践教学，构建从简单到复杂、从单项到综合、从模拟到实战的技能进阶体系，协同提升学生专业技能、职业认知和对产业集群的情感认同。

三、优化"在哪用"：引厂入校与入园办学并举

通过引厂入校和入园办学，校企共建华宝和阳超模具教学工厂、慈星环创产业园、宁海产业人才学院，全面实施"2＋1"现代学徒制，实施"轮岗→定岗→顶岗"三阶段培养，实现"从学校到工作"的零过渡。

四、突破"怎么创"：基于研发平台实施"研学一体"

与浙江工业大学等合作，共建国家级模塑制品表面装饰与智能成型技术协同创新中心等平台，与加拿大工程院姚育东院士团队在物联网，机器学习及大数据分析等方面开展科技创新战略合作，以企业委托项目为载体，"研学一体"，提高学生在智能生产线设计等方面的技术创新能力。

5. 宁波职业技术学院

学校以区域产业发展需求为先导，做强产业学院，从而更好地发挥高校的人才优势和企业、社区的资源优势，搭建政企校合作平台，学校本着"优势互补、资源共享、互惠双赢、共同发展"的原则，持续做强做实产业学院，与海天集团共建的海天学院已步入正常发展轨道，招生工作、师资建设、教学资源建设等方面取得了阶段性成果。本年度学校联合北仑区委又共建港城工业社区学院，并以此为依托建立了 15 个港城工业社区基地，共开设 18 个班，总计培训近 1100 左右人次，涉党建沙盘、商务礼仪、员工心态、团队执行力打造、性格测试、网络安全等内容，为工业集聚区社区化管理和服务的人才培养和模式输出提供了智力支撑。另外，还与深圳市怡亚通供应链股份有限公司、北京中联集团教育科技有限公司三方正式签订混合所有制联合办学模式的"供应链产业学院"，为进一步集聚校企教育资源，助力区域物流产业发展注入新动能。

案例：

创新校企合作新机制，建立"供应链产业学院"

2021 年 7 月 2 日，宁波职业技术学院与深圳市怡亚通供应链股份有限公司、北京中联集团教育科技有限公司三方正式签订混合所有制联合办学模式的"供应链产业学院"。同年 10 月 18 日，与深圳市怡亚通签订战略框架协议，其中怡亚通承诺对产业学院首期注入资金为 40 万元。中联集团首期注入资金 40 万元已进入具体协议细节商讨阶段。至此，由学院牵头、工商管理学院具体负责的校企三方混合所有制联合办学产业学院开始启动。"供应链产业学院"建设有供应链运营专业（核心专业）、供应链金融专业、新媒体数字营销、商务大数据应用等 4 个专业，坚持以可持续发展为核心的教育理念，建立产教融合协同育人的人才培养新机制，紧密围绕国家经济社会发展和产业转型升级的要求，整合并投入校企优质资源，学院作为校企双方合作的载体和平台，参与校企合作共建，建立管理与教学双师双岗团队聘任、教学监督与双主体评价等制度，承担人才培养培训、技术推广、社会服务等职能。

6. 青岛职业技术学院

学校校企共建专业"1 + 1 + N"工程整体成势。各二级院部抢抓机遇，主动作为，校企合作出新招、有新意。本年度全校新增校企合作招生专业 5 个，共建产业学院 4 个；与主要企业合作开发课程 201 门、教材 91 种，为企业年培训员工数 32807 人，获批西海岸新区校城融合办公室"高校校长专项基金"400 万元。

> **案例：**
>
> ### 一企三校跨区域合作，共建人才培养新平台
>
> 学校牵头成都航空职业技术学院和无锡科技职业学院与海尔卡奥斯在青岛共同签署协同推进工业互联网数字人才培养合作协议，共同探索跨区域联手培养工业互联网数字化人才新模式。合作团队将聚焦工业互联网特色，共建一流专业群平台，拓展工业互联网背景下校企多元合作共建专业群的新路径；围绕职业能力培养，共建应用场景平台；围绕"场景驱动"的应用型模块课程、工业互联网最新研究成果，共同开发工业互联网数字化人才培养课程体系；加快建立工业互联网校企合作与产教结合机制，打造多层次复合型工业互联网人才培养模式。

7. 青岛酒店管理职业技术学院

学院举办方山东省商业集团有限公司是以文化旅游业、智慧零售业、现代金融业等为主业的国有企业，是全省最大的生活性服务业龙头企业。学院专业布局与集团产业布局高度吻合，依托集团行业办学优势，整合集团内部校企资源，创新形成"校企一体、互通互融"的紧密型合作机制，初步实现"校企一体，协同发展"的办学格局，深入推进"各层面、多形式"产教融合。探索混合所有制办学体制机制改革，校企合作共建

智慧康养现代产业学院、酒店财务产业学院、金山云·慧科智能物联产业学院等共计 8 所产业学院。校企双方从实习实训、课程共建、师资共培、资源共享、实训室共建、1+X 证书考级培训等方面开展全方位合作，切实做到人才培养与社会需求的"无缝对接"。进一步放大资源优势，推动产业学院基于产业迭代升级、数字化发展，通过对专业群实现新技术、新工艺、新标准等产业元素渗透，对课程体系进行重构，满足学生多元发展和拓展提升的需求。依托国家级现代学徒制试点项目和 7 个省市级现代学徒制试点项目，积极服务山东省新旧动能转换重大工程，探索"校企互动全过程、工学交替多循环"学徒制人才培养模式，构建办学双主体、学徒双身份、岗位交替、教学循环的"三双育人"育人体制机制和联合招生、联合培养、一体化育人的长效机制。坚持"政校行企四方联动、产学研用立体推进"原则，实现了人才共享、设备共享、技术共享、文化互补、管理互通，提升了区域酒店全科型技术技能人才培养质量。

案例：

产教融合校企双元育人案例—酒店财务产业学院

学院积极推进产学研用，构建深度融合、协同育人的办学模式。与山东蓝海酒店集团共建"酒店财务产业学院"，在产业经验和专业教育、业务发展和社会实践、人力资源与人才培养、产业发展和专项研究等方面展开深度合作，构建全方位战略合作关系，实现校企双方互利共赢，提高技术技能型人才培养的针对性和适应性，提升校企合作办学的层次和水平。蓝海集团还在学院成立"酒店财务科研专项发展基金"。深化校企合作，结合蓝海集团丰富的行业经验和酒店产业资源，助力学院教师在酒店财务方向的科研发展，打造高水平科研成果。

（二）现代学徒制模式

1. 辽宁省交通高等专科学校

学校紧密聚焦数字辽宁、智造强省建设，以服务传统产业智能化升级、优势产业数字化赋能为目标，在充分调研论证的基础上，科学规划设置区域产业发展急需的新专业。重点面向智能制造、现代物流、无人机测绘技术等产业领域，新增设了智能控制技术、装配式建筑工程技术、供应链运营、无人机测绘技术、道路工程检测技术 5 个专业。服务数字辽宁、智造强省建设，持续优化专业结构。

2021 年，学校以国家"双高"专业群为引领，拓展区域卓越专业群，持续高质量推进国家"双高"专业群建设，取得明显成效。专业群的两个核心专业——道路与桥梁工程技术专业和汽车检测与维修技术专业，同时入选辽宁省现代学徒制示范专业和辽宁省职业教育专业升级与数字化改造示范专业，国家"双高"专业群的龙头作用更加突出。在着力打造道桥、汽车 2 个行业领军、国家一流水平专业群的基础上，积极拓展建设区域卓越专业群。成功申报了道路与桥梁工程技术、汽车检测与维修技术、机电一体化技术、现代物流管理、计算机网络技术和建筑工程技术 6 个省级"兴辽卓越"专业群，立项建设的"兴辽卓越"专业群数量与水平居于全省首位。

案例：

推进"一专业一订单"，校企协同育人有新成效

学校与沈阳新松、德科斯米尔等 4 家企业签订（续签）了订单培养协议，并成功组建订单班。当年校企合作订单培养班总数达到 30 个，订单培养专业占比 70% 以上，订单培养学生占比 25% 以上。全年新增校外实训与实习就业基地 3 个，新增企业提供的校内实践教学设备值 425.5 万元。

道路与桥梁工程技术专业现代学徒制试点班在培学徒68人,被辽宁省教育厅评定为现代学徒制示范专业。汽车专业群巩固并加强"宝马班""丰田机修班""丰田营销班""巴斯夫班""上汽大众班"等5个特色化企业订单班,新引入上汽大众SCEP项目,共建共享上汽大众辽宁培训基地。机电专业群与沈阳新松公司合作共建了工业机器人技术、机电一体化技术两个专业的"新松订单班";沃尔沃建筑设备公司为"沃尔沃订单班"提供企业奖学金2.6万元。绿城装饰集团工程有限公司选派7名技术骨干为"绿城装饰订单班"23名学生授课,全年讲授绿城企业文化、服务规范、装饰工程施工质量管理规范、施工验收标准48学时,促进校企文化融合、教学内容与职业标准对接。

2. 辽宁轨道交通职业学院

学院构建了以服务现场为主线,教学、科研和培训互联互动的"一线三点立体化"产教融合模式。深化政校企协同的股份制、混合所有制办学模式改革,牵头组建了大型企业参与多、政府支持力度大的"沈阳经济技术开发区职业教育集团",与中德(沈阳)高端装备制造产业园管委会共建中德园产业学院,与沈阳东洋异型管有限公司共建辊压产业学院。学院为国家首批1+X证书试点单位;与中国铁路沈阳局集团有限公司、沈阳地铁等企业深度合作,建立了校外实习实训基地144个。

案例:

启动基于现代学徒制的"辊压班"高技能人才培养模式

2021年3月学院与沈阳东洋异型管有限公司经多次研讨沟通,制订了基于现代学徒制的"辊压班"高技能人才培养模式实施方案。选拔24名品学兼优的学生组建学徒制班,实施全学制、工学交替的人才培养方案。同时沈阳东洋异型管有限公司将在学院设立企业奖学金,对"辊压班"品学兼优的学生给予奖励。现代学徒制是教育部提出的一项旨在深化产教融合、校企合作，进一步完善校企合作的育人机制，通过学校、企业的深度合作，教师、师傅的联合传授，对学生以技能培养为主的现代人才培养模式。学院作为教育部第三批"现代学徒制"试点单位，获批三个省级"订单、定制、定向""现代学徒制"人才培养模式改革示范专业，已经在学徒制培养方面有了充足的理论和实践经验。基于现代学徒制的"辊压班"高技能人才培养模式的启动将全面推进学院与全国辊压产业龙头企业的合作，共同打造"中国特色学徒制"辽宁模式，为按照"引校进企"模式共建产学研用融合的混合所有制二级学院打下良好基础。

3. 南京信息职业技术学院

学校以现代学徒制作为校企全方位协同育人的突破口，与苏州市昆山开发区人社局及九家在昆知名企业组建"昆山学院"，开展政府主导下的现代学徒制培养，该项目被列入教育部首批现代学徒制试点项目，并顺利通过教育部验收；近两年来，学校持续深化推广"昆山学院"式的"开发区政府＋学校＋园区企业群"现代学徒制共建模式。目前，除与昆山开发区合作外，还和苏州吴江开发区等4个开发区及区内企业开展相关现代学徒制培养工作。2021年新增企业学徒制项目8个，新增订单班合作企业30家，现有学徒制在校生500余人。

案例：

实施现代学徒制，实践"昆山模式"

2014年，学校与昆山开发区人社局及区内7家知名企业组建"昆山学院"，在光电子技术、电子电路设计等4个专业开展现代学徒制人才培养。2015年，"昆山学院"项目成功入选国家首批现代学徒制试点。经多年实践探索，现已形成"政府牵头，校企参与"为特色的政、校、企三方协同育人机制，三方协同运行机制，保障了政企校生四方权益；同时构建了系统化教学组织和师傅评聘、管理、激励机制，形成了教学相长的新生态。目前，昆山学院已完成6届近400名学徒的招生招工，选聘了近100名企业师傅，2017－2020届共计145名学徒已毕业，培养质量受到合作企业的高度肯定，"昆山学院"已成为昆山开发区"金领"人才的输入窗口、校企合作人才培养模式创新的示范模式。2017年《现代学徒制"昆山模式"的研究与实践》荣获江苏省教学成果一等奖。

4. 广州番禺职业技术学院

学校紧密对接产业需求，以与行业领军企业共建职教集团（产教联盟）和产业学院（含特色学院、校企合作示范学院）为抓手，以共建服务方式灵活的"小、精、灵"的校企合作载体为重点，以校企合作共同实施现代学徒制和企业订单培养为纽带，完善"学校—二级学院—专业"三级校企合作组织架构，主动适应行业产业发展和粤港澳大湾区产业转型升级需要，形成多主体协同、多元化治理、多要素衔接的校企合作长效机制。

学校积极开展"1＋X"证书试点工作，成立了由何友义校长直接牵头的校级"1＋X"证书试点工作领导小组，下设校级"1＋X"证书试点工作办公室，负责统筹全校的"1＋X"证书试点工作，各二级学院成立了"1＋X"证书试点工作小组，负责统筹本学院"1＋X"证书试点工作，专业教学团队负责具体执行和落实，形成了分工明确、运行高效的证书推行机制。2020年，试点证书24个，考证通过率达68.18%。2021年，试点证书增加到55个，试点专业41个，完成师资培训86人。同时，近三年学校主持或参与研制了16项"1＋X"证书标准。

案例：

研学旅行新方向，产教融合共发展

作为广东省首批"1+X"研学旅行策划与管理（EEPM）职业技能等级证书试点院校，学校旅游管理专业积极进行了"课证"体系衔接的有效尝试：对标职业技能等级标准，重构人才培养"新"方案；将教学组织、证书培训与企业实践进行一体化设计，探索培养培训"新"模式；培养、聘请德高技精教师，打造专兼结合"新"团队；与培训评价组织、龙头企业等开展多样化多元化合作，创新校企合作"新"路径；主动与培训评价组织合作，开辟职教培训"新"市场等，促进了产教融合的共同发展。2020年12月，学校组织73名旅游管理专业学生参加全国第一批"1+X"研学旅行策划与管理（EEPM）职业技能等级证书认证考试。学生顺利参加理论机考和实操面试两部分考试，考证一次性通过率为93%，居全国首位。

5. 成都航空职业技术学院

学校以"文化共融、资源共享、发展共赢"为合作办学理念，对标航空产业战略性和发展性需要，锚定"聚焦双高再提档、聚力本科再升级"的目标，大力推进"产教、军民、校地、科教"四融合，深化办学融合、育人融合、创新融合和服务融合内涵，成功探索"名企引领、名校主导、优势互补、共建共享、互利共赢、共同发展"的办学路径，打造航空技术技能人才培养高地和创新服务平台，全面提升服务航空强国、民航强国和军民融合等国家重大战略，以及航空产业发展和区域经济发展能力。

紧跟国家航空型号工程开展人才培养。学校紧密跟踪航空装备型号预研，与成飞集团超前设置航空复合材料成型与加工技术、航空装备表面处理技术等专业。同步型号试制，与成都发动机公司、中航无人机公司分别开展航空发动机装配调试技术、无人机应用技术等专业人才培养。

满足型号飞机量产需求,与成飞集团开展飞行器数字化制造技术、飞行器数字化装配技术、航空材料精密成形技术等专业人才培养,确保人才供给与航空装备重点型号量产人才需求相适应。紧贴军民航空产业发展打造航空专业集群。学校构建了以飞行器制造技术、空中乘务、飞机机电设备维修核心专业为引领的三大航空专业群,打造对接"航空制造—航空运营—航空维修"产业技术链需要的特色航空专业集群,学校50%以上专业直接服务航空产业链,实现专业结构与航空产业结构的有效对接。

> **案例:**
>
> ### 融入航空产业,培养大国重器研制急需的高素质技能人才
>
> 随着国家两机专项(航空发动机与燃机)的实施,航空发动机产业快速发展,对应的高素质技能人才十分紧缺。针对此问题,学校和中国航空发动机集团有限公司联合启动实施"中国航发定(订)制(单)班专项人才培养计划"(以下简称"航发班")。2019年以来"航发班"三届共310人。特别是2020年,集团精准指导,克服疫情困难,组织中国航发黎明、成发、西航、黎阳、南方等9家企业,选拔组建"2+1""1+2"航空材料精密成型、航空发动机装试定制班214人、订单班55人。为更好服务中国航发,2021年,学校开展"走进航发"夏令营主题活动,28名师生分赴湖南、贵州六家航发企业,活动目的:认识航发、宣传航发、投身航发。

(三)多元融合模式

1. 哈尔滨职业技术学院

学校深化校企合作,与中航工业哈飞集团等81家知名企业、院校、科研院所组建哈尔滨职教集团,构建三层面理事会,以"利益共享、风

险共担、多方协同、命运与共"为原则，形成稳定持久的伙伴关系，教育链、人才链与产业链、创新链的有机衔接机制。形成了基于"产教融合、组合创新、多元共享"理念的"企业+"产业学院建设模式；构建了"一体多元四类学院四融合"的多模式产业学院产教协同育人体系，建立现代学徒制商学院，与华为公司等行业领先企业共建华为ICT产业学院等十大产业学院，与区域政府合作共建五大创新学院，与企业合作建立两个混合所有制二级学院。与哈尔滨焊接技术培训中心、国家焊接协会等行业和企业合作，共同培养具有"国际焊接技师"（IWS）资质的焊接人才。学院获批国家第三批政府主导型双创实践育人基地、国家级高技能人才培训基地、第一批国家示范性职业教育集团（联盟）培育单位、2020年中国职业学校"产教融合50强"等荣誉称号。

学校深入开展校企合作，创新校企合作模式。2021年，学院所有专业均实现校企合作的全覆盖，合作企业订单培养人数占全日制高职在校生总人数的25.50%，连续三年保持在11%以上；校企合作共同开发课程门数占开设课程总门数20.22%，为合作企业培训员工45992人次。校企合作不断深入，学校和合作企业共同发展，人才培养质量不断提升。

案例：

政校行企共建创新学院，助推县域经济发展

哈尔滨职业技术学院发挥中国特色高水平高职学校建设单位优势，秉承"产教融合、多元共享、组合创新"办学理念，全力助推县域经济发展，构建职教贯通"立交桥"，驱动中高职一体化发展，在构建现代职业教育体系中发挥积极作用，致力培养适应经济社会发展、素质优良的技术技能人才。

（1）政校行企多元主体，组合创新育人模式。学院以提升职业教育服务县域经济发展能力为目标，高端站位，紧扣核心，创新"多元融通，和合共生，多方协同、良性办学"人才培养模式，积极整合资源，与尚志市、宾县、双城区、五常市、呼兰区人民政府开展职业教育战略合作，共建尚志创新学院、双城创新学院、五常创新学院、呼

兰创新学院、宾县创新学院共 5 个创新学院，政校行企多元以专业与产业发展为契合点，围绕县域经济发展需求，携手企业开展急需人才培养，实现办学资源、办学成果和社会效益最大化。

（2）对接县域产业发展链条，多元合力共建专业。结合县域经济发展布局，围绕支柱产业、优势产业和社会发展人才紧缺行业，开展先进制造业、战略性新兴产业、现代服务业及循环农业、智慧农业等新产业和人工智能、云计算、大数据等新职业新技能培训。对接产业链形成专业链，形成适应区域产业结构布局和产业转型升级需要、中高职教育无缝衔接的职业教育格局。

（3）面向县域经济发展，强化技术技能培训学院依托创新学院合作开展各类职业技能培训和职业资格认证，为创业人员提供培训，以行业企业为桥梁，以满足地方经济建设发展需要为宗旨共同培养人才。联合蒙牛集团有限公司尚志分公司建立"招工即招生、入厂即入校、企校双师联合培养"的企业新型学徒制度，制定仪器仪表维修工、化学检验员、电工维修 5 个项目的培训大纲，提升企业员工的技术技能。

2. 武汉船舶职业技术学院

学院深入贯彻落实习近平总书记在全国职教大会上的重要批示精神，以提高学院人才培养质量为核心，以服务湖北省船舶职业教育品牌建设为目标，加强校企深度融合机制研究，健全多元办学格局，细化产教融合、校企合作政策，探索符合职业教育特点的评价办法。在湖北省国防科工办倡议并推动下，学院牵头组建了湖北省国防科技工业职教集团和湖北省焊接职教集团。联合相关军工行业协会，以在鄂军工企事业单位、设置涉军工专业的中高职学校（含技工学校）和本科高校（含部队院校）为主体，成立了理事会，形成了"政府牵引、行业聚合、校企主体"的综合育人平台架构。

学院在原有产业学院建设的规划之上，结合实际情况制定了《武汉船舶职业技术学院"产业学院"管理办法（试行）》。产业学院在运行的过程中，不断摸索，走出了一条适合自身的特色之路。其中北京鑫裕盛船舶管理有限公司与该校交通运输工程学院共同建立了"鑫裕盛产业学院"，在卓越海员培养工作中，开拓创新，采用"三明治"管理模式，为该校在船员培养的探索之路上，增添了重要的一笔。

案例：

打造"船院模式"，培养卓越海员

武汉船舶职业技术学院针对传统订单班无实际船舶操纵环境、无实船实践动手锻炼、无英语口语会话场景等的不足，以及旧模式校企疲惫、学生困扰等方面的弊端，将企业深度引入职业教育中来，由企业和学院共同创新提出"24个月校内学习培训+8个月上船实习+4个月返校强化"的新型三明治卓越海员人才培养的"24+8+4船院模式"，此项改革方案一经提出即得到长江海事局的大力支持，新型三明治卓越海员人才培养模式改革实践在全国航海类院校中也是首家推出。学院主导创新实践的新型三明治卓越海员人才培养"24+8+4船院模式"，已从单企业单专业试点，到"1（院校）+N（企业）"成立"鑫裕盛产业学院"，再到以"鑫裕盛产业学院"为基础牵头发起成立的"N（院校）+N（企业）"的长江海事局辖区"卓越海员培养产教联盟"，现已逐渐成为区域内有影响、行业中有特色、全国可借鉴的卓越海员培养新模式。

3. 西安航空职业技术学院

2021年，学校系统研究国家对高职学校的新要求、产业对航空人才的新需求，聚焦"产教融合，校企合作"，按照"特色引领，服务区域，支撑国家战略"的总体工作思路，坚持"抓中航、稳军航、盯通航"的基本原则，加强"产教融合校企合作"的顶层设计，加大与航空龙头企业，尤其是民航企业深度合作；扎实推进产业学院、师生企业实践基地等的建设工作，不断完善校企合作体制机制，努力构建校企协同、校企共生的融合发展模式，集团化办学取得明显成效，校企合作步伐明显加快。

学校着力以"双高计划—提升校企合作水平"项目建设为龙头引领，抓好落实，强力推进"提升校企合作水平"各项建设工作。学校全年共签订各类校企合作协议197项，其中9家企业在产业学院建设、实习实训基地共建、人才培养等方面深入开展合作；协助两家企业成功申报省级产教融合型企业培育单位。

案例：

校企合作"六共"模式育人才

学校与军方企业连续9年签订现代学徒制培养协议，与企业共同培养出高素质高技术人才近300人，探索出了"人才共育、技术共研、人员共用、资源共享、文化共融、标准共订"的"六共"协同人才培养模式，建立了"模块化、项目化"的"两化"动态资源整合模式，贯通了"开放共享、协同发展"的人才培养途径。按照模块、项目任务组建教学技术服务创新团队，形成人员、技术、设备、资源等动态组合模式，实现人员机动性、机制灵活性、组织动态性。通过"六共"模式，实现互聘师资和技术人员、共同研究人才培养标准和岗位标准、协同制定课程标准及开发教材、开放资源进行教学活动及实践实训等，有效解决了航空类新技术、新工艺、新规范参与教学、教材同步难等问题，破解航空类高端技术技能人才企业需求侧和学校人才培养供给侧的结构性矛盾。

（四）其他特色模式

1. 广州铁路职业技术学院

学校构建集团化办学体系，打造实体化国家示范职教集团——广州工业交通职业教育集团，以培养适应社会经济发展的高素质技能型人才需求为核心，立足区域经济社会和产业升级实际，科学谋划，创新发展，汇聚政府、行业、企业、学校等多方力量和智慧，构建"人才共育、过程共管、成果共享、责任共担"的紧密型实体化运行机制，搭平台、拓路径、建高地，发挥出职教集团服务地方经济社会发展的重要功能，开辟出"合作办学、协同育人、共同发展"的新路径，打造成为集团化办学的"职教样板"。

案例：

创新"集群＋实体"办学模式，打造产教融合职教高地

广州工业交通职业交通集团（以下简称集团）聚焦国家重大战略和区域经济社会发展趋势，瞄准技术变革产业升级方向，创新集团互融、共建、共享、共赢的治理体制，优化集团的实体化运行体系，增强集团服务能力，提高集团化办学成效，有效推动职业教育供给与经济社会发展需求的高度匹配。集团紧紧围绕广东省战略性"双十"产业集群等重点领域，主动服务区域产业发展和综合交通运输体系建设需求，聚焦装备制造技术、工程监测技术、运行维护技术、信息通信技术等核心技术，以产业链为纽带，以市场需求为导向，以"实体项目运行对接产业集群发展"为核心，依托政校行企等多元合作载体，协同创建产教融合、产学研、国际合作等育人平台，合作共建产业学院、重点实验室、协同创新中心、亚欧高铁合作学院等运行实体，深度开展产业学院、现代学徒制试点、混合所有制二级学院等实质项目，探索出"集群＋实体"的集团化办学模式，稳步推进集团实体化运作，将集团打造成为产教融合发展高地、高水平人才输送高地、技术创新服务高地，推进职业教育高质量发展，更好地服务区域经济建设。

2. 长春汽车工业高等专科学校

学校认真贯彻落实《国家职业教育改革实施方案》《职业学校全面开展职业培训促进就业创业行动计划》等文件精神，育训结合、长短结合、内外结合，落实职业学校实施学历教育与培训并举的职责，发挥学校专业和资源优势，聚焦吉林省"一主六双"高质量发展战略，依托各级基地、平台，积极开拓社会市场，联合行业企业，形成多规格、多层次、有特色的社会服务格局。

持续推进"红旗工匠培育工程"品牌项目，结合学校"双高"建设红旗工匠工业机器人层级标准构建培训体系，根据蔚山工厂目前人员能力、设备现状及管理模式，开展红旗工匠工业机器人技能人才培训，促进红旗蔚山工厂数字化建设与加速转型升级；开展红旗工匠新能源汽车技术培训，提升新能源汽车装配人员能力。为更好地服务自主汽车产业发展，学校与一汽共同开展工业机器人、模修工、设备维修及新能源汽车装调"四大工程"培养项目，利用 3 - 5 年时间，培养一支素质过硬、技能精湛的人才队伍，为红旗发展提供坚实的人才保障。

> **案例：**
>
> **校企共创工匠型人才培养模式，教培共建数字化人才培养体系**
>
> 长春汽车工业高等专科学校以助力我国自主汽车产业战略转型升级为宗旨，以赋能我国自主汽车品牌"大国工匠"技能人才为目标，秉承以"培养人，而非培训人"的战略思维，聚焦企业工业机器人、新能源等转型急需重点技术领域，以职业需求为导向，校企专家共建人才培养能力标准体系，为培训课程内容与职业标准对接奠定标准基础；以提升企业员工实践能力为重点，建立贯通人才职前培养及职后培训于一体的多层级培训课程体系；建立校企师资共评互认体系，保障教学过程与生产案例相融合；搭建覆盖技能人才"全职业生命周期"的"培训＋评价"体系，全面助力企业打造一支素养过硬、技术精湛的红旗工匠队伍。

3. 厦门城市职业学院

学校按照"产教融合、校企合作、工学结合、知行合一"校企双主体育人理念，积极探索实施"三共双赢"（校企双方共同建设、共同使用、共享收益、实现双赢）的校企协同育人模式，促使学校和企业形成"你中有我、我中有你"的利益共同体，激励企业主动参与学校共同办学、共同发展，与学校联合培养区域产业急需的高素质技术技能人才，共同面向社会开展培训服务，共享育人成果和服务收益。

为进一步增强专业服务产业能力，学校与神州信创（北京）集团有限公司、南京第五十五所技术开发有限公司、中影集团、厦门轨道交通集团、厦门太古飞机工程有限公司等196家行业领军企业建立长期、稳定、深度的校企合作关系，合作成效显著。

案例：

育训结合培养轨道交通人才，服务城市现代化发展

对接厦门城市现代化发展需要，在厦门市政府的支持下，与厦门轨道交通集团建设"厦门轨道交通职业技能培训中心"，共建"轨道交通产业学院"。开展轨道相关专业的实训教学，开设城市轨道交通运营设备认识、城市轨道交通行车组织课内实训、行车实习及调度模拟实训等课程；开展厦门地铁员工培训，包括电客车司机仿真驾驶、OCC各岗位联合演练、车站作业及站台各岗位演练。开展全国运营专业骨干教师培训和轨道交通科普教育，创新了传统的培训内容。为厦门轨道交通集团开展员工培训共计8000多人次，为厦门地铁1号线、2号线的开通及3号线的筹备作出了重要的贡献。累计培养城市轨道交通相关专业及方向的学生493人，141名毕业生入职厦门轨道集团，其中有19名地铁司机。"城市轨道交通运营管理专业"获评厦门市"职校王牌特色专业"和"福建省职业学校产教融合示范专业"，毕业生"守纪律、有毅力、素质好"等优点深受厦门轨道交通集团好评。

4. 辽宁轻工职业学院

学校按照"统筹规划、产教融合、开放共享"的原则，结合《职业学校专业实训教学条件建设标准》以及教学实用性和设备先进性，校企通过充分论证，在学校现有实训条件基础上，不断进行校内实训设备更新和规划布局，以满足"做中学"和"学中做"的课程改革需要，以及集教学、科研、社会服务、创新创业于一体的多功能要求。2020 – 2021学年，学院新增教学科研仪器设备价值989.03万元，校内实训基地117个，实训工位数6120个，为学院全面启动190门校企合作开发课程项目奠定基础。本着校企人才培养质量年度报告共建共享原则，2021年依托校内实训基地为合作企业培训员工3604人。2020 – 2021学年，动态调整校外实训基地307个，基地使用累计75432天，接待学生5270人次，接收应届毕业生就业数为1524人。

案例：

构建"产学研赛创五位一体"服装制造校内实训基地

在"智能制造"的行业态势引领下，结合纺织服装系现有的实训基地情况，为更好保障校内实习实训基地多功能及联动式教学的顺利实施，构建适合"产学研赛创五位一体"模式的校内实训基地，确定了"以产品为主线"生产链条、服务产业集群和创新创业特色工作室"三路并进"的实训基地建设思路，对原有实训基地进行升级改造、扩建，更换部分陈旧设备、引进先进智能制造系统、引进模拟仿真教学设备，建成新功能实训基地。建成后的实训基地，围绕人才培养、课程建设、创新创业重新进行整合、布局，形成纺织品检测、面料设计与制作、智能化产品研发中心、现代化服装生产实训、服装营销五大类实训基地，集教学、生产和社会服务于一体。强调专业特色，促进现代纺织专业群在"产学研赛创"方面对技能人才的培养。

上述 19 个实践案例生动展示了这些院校立足国家职业教育发展的战略导向，主动对接区域经济发展要求，发挥本校专业的鲜明特色，深耕创新育人模式，服务区域经济社会和产业迭代升级需求，也彰显了职业学校在提升职业教育适应性方面所做的持续探索与追求。

参 考 文 献

[1] 安培. 增强职业教育适应性：思想溯源、实践变迁与推进策略 [J]. 职业技术教育，2022，43（7）：6-13.

[2] 白汉刚. 区域经济社会发展与职业教育的关系研究 [J]. 职教论坛，2007（13）：45-47.

[3] 曹晔. 城镇化与职业教育发展 [J]. 职业技术教育，2010，31（10）：5-9.

[4] 陈文海. 基于三螺旋理论视角的职业教育与产业、城市融合发展 [J]. 当代职业教育，2018（3）：59-63.

[5] 陈选能. 我国城市化进程中发展职业教育的意义与策略 [J]. 浙江社会科学，2006（1）：131-133.

[6] 辞海编辑委员会. 辞海（第七版）[M]. 上海：上海辞书出版社，4000-4001.

[7] 崔晓迪. 现代职业教育与区域经济协调发展研究——以天津市为例 [J]. 教育与经济，2013（1）：31-35，72.

[8] 丁楠，杨院. 美国重振制造业视野下社区学院的发展举措与启示 [J]. 职业技术教育，2018，39（25）：68-73.

[9] 丁廷发. 高职院校专业结构与区域产业结构协调性研究——以重庆三峡职业学院专业设置为例 [J]. 职业技术教育，2013（14）：9-12.

[10] 董小平，廖辉. 高职院校人才培养过程的产业适应机制研究 [J]. 中国高教研究，2017（12）：95-100.

[11] 傅霞玲. 推动职业教育与泉州城市共荣协同发展研究 [J]. 开封教育学院学报，2019，39（6）：284-286.

［12］高艳丽．东北老工业基地产业结构演变城市化响应的空间变化趋势研究［D］．长春：东北师范大学，2005．

［13］龚森．福建高职教育专业结构与产业结构契合度实证研究［J］．教育评论，2016（11）：45－48．

［14］郭璇瑄，陶红．数字经济赋能职业教育适应性研究［J］．贵州师范大学学报：社会科学版，2022（1）：65－74．

［15］郭燕，王强，方绪军．职业教育专业适应性发展的内在逻辑与应然选择［J］．成人教育，2021，41（12）：65－72．

［16］郝涵．新疆职业教育供给侧结构与产业结构升级的适应性研究［D］．石河子市：石河子大学，2021．

［17］赫尔曼·哈肯．协同学——大自然构成的奥秘［M］．凌复华，译．上海：上海译文出版社，2005．

［18］侯小雨、曾珊、闫志利．高职院校专业设置与产业结构的适应性问题及优化措施——以河北省为例［J］．高等职业教育探索，2019（1）：62－64．

［19］胡国友．高质量发展背景下增强中等职业教育适应性的挑战与应对［J］．教育与职业，2022（10）：27－33．

［20］金娴，金高军．地方性高职院校产教融合困境与突围［J］．中国职业技术教育，2022（7）：92－96．

［21］李北伟，贾新华．基于产业转型升级的高职院校专业设置优化策略研究——以广东省为例［J］．中国高教研究，2019（5）：104－108．

［22］李宏，徐淮涓，孙铁波．基于区域产业升级的高职院校专业集群构建——以江苏食品职业技术学院为例［J］．职业技术教育，2012，33（2）：9－11．

［23］李玉江．区域人力资本研究［M］．北京：科学出版社，2006：27．

［24］李玉静．21世纪英国技能人才培养培训政策研究［D］．长春：东北师范大学，2019．

［25］梁丹，徐涵．职业教育专业结构与产业结构的协调性评价研究

——以辽宁省为例［J］. 现代教育管理, 2016（12）: 58 - 64. DOI: 10. 16697/j. cnki. xdjygl. 2016. 12. 011.

［26］林克松, 朱德全. 职业教育均衡发展与区域经济协调发展互动的体制机制构建［J］. 教育研究, 2012, 33（11）: 102 - 107.

［27］刘晓, 钱鉴楠. 职业教育专业建设与产业发展: 匹配逻辑与理论框架［J］. 高等工程教育研究, 2020（2）: 142 - 147.

［28］刘新钰, 王世斌, 郄海霞. 职业学校专业结构与产业结构对接度实证研究——以天津市为例［J］. 高等工程教育研究, 2018（3）: 184 - 191.

［29］刘智勇, 李海峥, 胡永远, 等. 人力资本结构高级化与经济增长: 兼论东中西部地区差距的形成和缩小［J］. 经济研究, 2018（3）: 50 - 63.

［30］陆治原. 高举旗帜 勇担使命 奋力谱写青岛建设新时代中国特色社会主义现代化国际大都市新篇章［N］. 青岛日报, 2022 - 4 - 18（1）.

［31］罗洁颖. 高职专业结构与产业结构相适应的机制构建研究［J］. 中国成人教育, 2014（24）: 102 - 104.

［32］马树超, 范唯. 高职教育: 为区域协调发展奠定基础的十年［J］. 中国高等教育, 2012（18）: 12 - 16.

［33］孟仁振, 张耀军, 霍利婷. 三螺旋理论视域下高职专业设置与区域制造业发展适应性研究——以上海市为例［J］. 中国职业技术教育, 2022（7）: 47 - 52, 75.

［34］潘海生, 林晓雯. 新发展格局下职业教育的适应性发展［J］. 职业技术教育, 2021, 42（15）: 15 - 20.

［35］潘海生, 翁幸. 我国高等职业教育与经济社会发展的耦合关系研究——2006—2018 年 31 个省份面板数据［J］. 高校教育管理, 2021, 14（2）: 12 - 23.

［36］平和光, 郝卓君, 孟凯. 新时代新奋斗: 新时代中国特色社会主义时期的职业教育［J］. 职业技术教育, 2021, 42（33）: 24 - 31.

［37］任占营. 新时代职业教育高质量发展路径探析［J］. 中国职业

技术教育，2022（10）：5－11.

［38］沈兵虎，王兴，顾佳滨．增强职业教育适应性的若干关键问题［J］．中国职业技术教育，2022（1）：60－66.

［39］沈陆娟．供给侧改革背景下高职专业结构与产业结构的适配分析——以浙江省为例［J］．职业技术教育，2017（17）：25－30.

［40］师萍．陕西省教育与经济增长的关系研究［J］．西北大学学报（哲学社会科学版），2007（6）：58－62.

［41］施南奇，张德文．新发展理念下高职专业设置与地区产业发展契合度研究——以无锡10所高职院校为例［J］．职业技术教育，2021（23）：34－38.

［42］孙朝．大同市：深耕职业教育沃土 服务地方经济转型［J］．山西教育（管理），2022（5）：13－14.

［43］孙小进．高等职业教育专业设置与区域产业结构的适应性研究［J］．教育现代化，2019，6（50）：261－262.

［44］孙欣．打造"工赋青岛 智造强市"城市新名片［N］．青岛日报，2021－11－2（4）.

［45］唐智彬，石伟平．论高等职业教育与产业发展协同创新的逻辑与机制［J］．教育与经济，2015（4）：3－7.

［46］陶红，廖慧琴．广东省高职院校专业设置与产业结构对接研究［J］．职教论坛，2016（18）：40－44.

［47］陶友珍，胡良马．职业教育促进地方旅游业发展对策研究——以宿迁市湖滨新区为例［J］．江苏经贸职业技术学院学报，2021（3）：23－26.

［48］王辉，朱健．论基于产业结构调整的高校专业设置［J］．教学研究，2011（1）：20－23.

［49］王坤．增强职业教育适应性的着力点［J］．教育发展研究，2022，42（1）：3.

［50］王艺燕，朱洵，孙毅．城市发展影响中等职业教育规模的实证研究［J］．中国职业技术教育，2020（21）：90－96.

［51］王忠昌. 现代职业教育与区域经济协同发展的"专业—产业"论［J］. 教育理论与实践，2017，37（3）：29－31.

［52］翁媛媛，饶文军. 生物技术产业集群发展机理研究——以美国波士顿地区为例［J］. 科技进步与对策，2010，27（6）：54－59.

［53］吴岩. 国际高等教育质量保障体系新视野［M］. 北京：教育科学出版社，2014：13，17，43.

［54］谢勇旗. 高等职业教育与区域经济协调发展研究——以河北省为例［J］. 职教论坛，2011（4）：21－24.

［55］徐兰，王志明，何景师，苏楠. 一核一带一区背景下广东高职专业建设与产业发展的适应性研究［J］. 黑龙江高教研究，2021，39（12）：104－110.

［56］徐莉亚. 职业教育专业设置与产业结构适应性分析［J］. 教育与职业，2016（3）：5－8.

［57］闫丽雯. 优化与新发展格局相适应的教育结构：基于对民办教育结构的分析［J］. 中国高教研究，2021（6）：23－29.

［58］阳益君. 基于产业结构的湖南省高职院校专业结构调整优化研究［D］. 长沙：湖南师范大学，2018.

［59］于素芳. 基于产业发展需求的高职院校专业建设探索——以吉林铁道职业技术学院为例［J］. 职业技术教育，2012，33（8）：15－17.

［60］苑大勇，刘茹梦，沈欣忆. 英国工业4.0战略与职业教育应对策略——基于伦敦市的分析［J］. 职教论坛，2021，37（6）：160－167.

［61］［美］约西·谢菲. 物流集群［M］. 岑雪品，王微，译. 北京：机械工业出版社，2015.

［62］曾令奇. 论高等职业教育的社会适应性［J］. 中国高教研究，2004（5）：55－56.

［63］张广斌. 产业结构变迁与汇率制度选择［M］. 昆明：云南大学出版社，2010：37－40.

［64］张国强，温军，汤向俊. 中国人力资本、人力资本结构与产业结构升级［J］. 中国人口·资源与环境，2011（10）：138－146.

［65］张辉，苑桂鑫．高等职业教育与区域经济发展关系研究［J］．职教论坛，2008（17）：15-19.

［66］张慧青．基于产业结构演进的高职专业结构调整研究［D］．上海：华东师范大学，2017.

［67］张景璐，佘沁霖．职业教育与产业需求实现"同频共振"［N］．珠海特区报，2022-5-26（5）.

［68］张理．新时代增强职业教育适应性的核心内涵、逻辑主线与实践审视［J］．职业技术教育，2022，43（13）：26-30.

［69］张蔚然．美国生涯技术教育的范式与未来转向——基于对帕金斯法案重新授权的分析［J］．教育发展研究，2019，38（9）：78-84.

［70］张文萱，孙国卫．展望青岛"十四五"：更高水平搞活一座城［J］．走向世界，2021（11）：28-31.

［71］张延平，李明生．我国区域人才结构优化与产业结构升级的协调适配度评价研究［J］．中国软科学，2011（3）：177-192.

［72］张耘，邓凯．高职专业群建设服务于产业转型升级研究——以常州纺织服装职业技术学院为例［J］．中国成人教育，2014（11）：87-90.

［73］赵晶晶，张薇，张浩．粤港澳大湾区职业教育适应性研究——基于产业分析的视角［J］．职业技术教育，2022，43（12）：24-29.

［74］赵黎．青岛职教，让生活更美好［N］．青岛日报，2022-5-9（T01）.

［75］郑海燕．河南省高职院校专业结构与区域产业结构协同性研究［J］．信阳农林学院学报，2018（6）：12-15.

［76］种国双，段珺，高振，等．中国三大产业结构演进规律与发展趋势研究［J］．科学管理研究，2020，38（2）：84-90.

［77］周少甫，王伟，董登新．人力资本与产业结构转化对经济增长的效应分析：来自中国省级面板数据的经验证据［J］．数量经济技术经济研究，2013（8）：65-77，123.

［78］周维莉，王志强．湖北省高职院校专业结构与产业需求对接实证研究［J］．职业技术教育，2021（35）：11-16.

［79］Cedefop（2020）. Perceptions on adult learning and continuing vocational education and training in Europe. Second opinion survey-Volume 1. Member States. Luxembourg：Publications Office. Cedefop reference series, No. 117.

［80］Gregsona, James A. , Karen Ruppel. Career and Technical Education for Sustainability：A Multiple Case Study of Innovative Community College Programs ［J］. Journal of Research in Technical Careers Teaching Science, 2017, 1（2）：15 - 25.

［81］Henrik Brynthe Lund, Asbjørn Karlsen. The importance of vocational education institutions in manufacturing regions：adding content to a broad definition of regional innovation systems ［J］. Industry and Innovation, 2020, 27（6）：660 - 679.

［82］Kearns, P, Bowman, K & Garlick, S. The double helix of vocational education and training and regional development ［R］. NCVER, Adelaide, 2008.

［83］Lundvall, B. - Å. National Systems of Innovation：Toward A Theory of Innovation and Interactive Learning ［M］. edited by B. - Å. Lundvall, London：Anthem Press, 2010.

［84］Per Lundequist, Dominic Power, Putting Porter into Practice? Practices of Regional Cluster Building：Evidence from Sweden ［J］. Eur. Plan. Stud, 2002（6）：685 - 704.

［85］Rice A. Management Styles：A Case Study of Women in TAFE ［J］. Australian & New Zealand Journal of Vocational Education Research, 2000（8）：67 - 90.

［86］Schultz T W. Investment in Human Capital：The Role of Education and of Research ［M］. New York：The Free Press, 1971：24 - 47.

［87］Tam Bang Vu, David L. Hammes, Eric Iksoon Im. Vocational or university education? A new look at their effects on economic growth ［J］. Economics Letters, 2012, 117（2）：426 - 428.

［88］ U. S. Department of Education, Office of Career, Technical, and Adult Education. The Evolution and Potential of Career Pathways ［EB/OL］. http：//connectingcredentials. org/wp － content/uploads/2015/05/The － Evolution － and － Potential － of － Career － Pathways. pdf. 2015 －4/2022 －6 －20.

后　记

　　《新经济、新产业、新专业全国副省级城市职业教育"专业—产业"适应性报告》（以下简称《报告》）为宁波市职教学会委托浙江工商职业技术学院开展的重大决策咨询课题"城市职业教育研究"的研究成果。本《报告》主题是"专业—产业"适应性，旨在通过"专业"这个载体，聚焦职业教育适应性问题，以15个副省级城市为研究对象，通过理论梳理、数据分析和典型案例介绍，为促进城市职业教育发展提供对策建议。《报告》由浙江工商职业技术学院党委书记陈仕俊牵头，相关职业教育研究专家指导，多位教育科研院所和兄弟院校的中青年研究骨干共同参与，历经半年时间而形成。

　　《报告》的研究方向和研究主题由主编沈剑光（宁波市职教学会）负责，研究框架和团队组建由主编陈仕俊（浙江工商职业技术学院）负责；副主编许世建（浙江工商职业技术学院）参与研究框架设计及数据收集、宁波市分报告的执笔工作；副主编郑琼鸽（浙江工商职业技术学院）负责报告的资料汇总、总报告的执笔工作；张声雷（浙江工商职业技术学院）负责报告的数据处理与计算工作；邵健（浙江工商职业技术学院）负责报告的典型案例部分编写工作，并参与总报告"产业结构现状分析"部分的执笔工作；周井娟（浙江工商职业技术学院）负责报告的审核修订工作；张蔚然（上海教育科学研究院）负责理论框架部分的执笔工作；于进亮（青岛酒店管理职业技术学院）、张坦（青岛酒店管理职业技术学院）负责青岛市分报告的执笔工作；康飞（辽宁轨道交通职业学院）负责沈阳市分报告的执笔工作；欧阳恩剑（广州铁路职业技术学院）、秦安（广州铁路职业技术学院）负责广州市分报告的执笔工作；惠转转（陕西科技大学）负责西安市分报告的执笔工作。

　　《报告》得到了华东师范大学职教研究所博士生导师、教授匡瑛，淄博职业技术学院宋健教授，扬州工业职业技术学院王昕明副教授，陕西职业技术学院任锁平副教授，福建信息职业技术学院程智宾副教授，宁波市教育局职成处副处长章斌立等专家的指导和支持。

　　我们对所有支持和关心这项研究的单位和个人表示感谢！

陈仕俊

2022 年 8 月 3 日